本田一成

写真記録・三島由紀夫が書かなかった

近江絹糸人権争議

絹とクミアイ

新評論

まえがき

三島由紀夫が『絹と明察』（講談社、一九六四年）という小説で描いた近江絹糸人権争議は、一九五四年に発生した一〇六日間にわたって繰り広げられた日本最大級の労働争議である。全国紙、週刊誌、経済誌、法律誌など、連日争議の動静を伝えるマスコミ報道に国民は釘付けとなった。

ほとんどの解説や評論が、受難の労働者を描きながら経営者を批判したものだった。だが、若者たちの争議を指導した全繊同盟に対する労組関係者や研究者の賛否は分かれた。その理由は、二大ナショナルセンターであった「総評」と「全労会議」（のちに同盟）の対立が反映されていたからである。

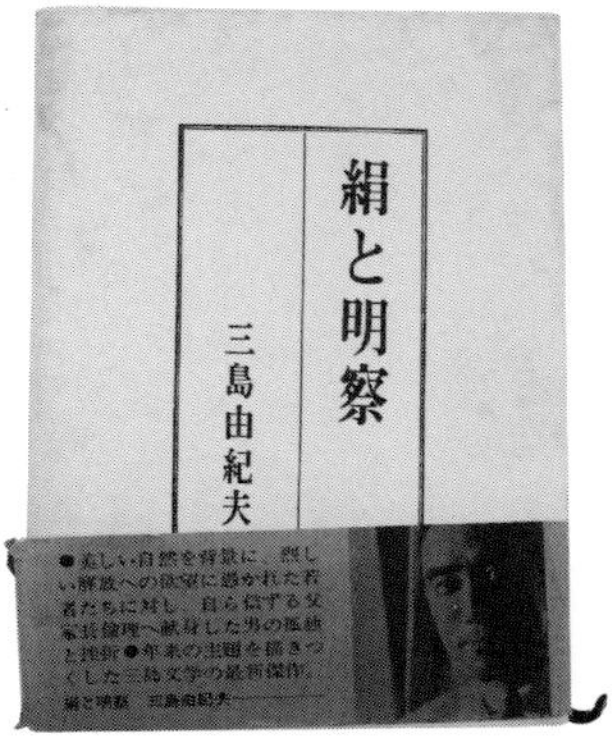

『絹と明察』講談社、1964年

一九一七年に夏川熊次郎が資本金五〇万円で創業した近江絹糸株式会社は、息子の夏川嘉久次が社長となり、戦時中に成長軌道に乗せ、第二次世界大戦後に大きな発展を遂げた。争議が発生した一九五四年時点で資本金は一〇億円となり、綿紡で約二七万錘と、いわゆる「十大紡に続く新紡の筆頭」と言われながらも、実質的には十大紡の中堅規模に上り詰めていた。

その発展を支えていたのは、低賃金のみならず仏教の強要や通学の圧迫、信書の開封などに代表される夏川嘉久次による封建的な労務管理であった。また、深夜労働が禁止されていた女性労働者の代わりに深夜勤務専門の男性労働者を雇って二四時間操業を実現するなど、労働法をかいくぐる常習犯企業であった。

「労働基準法」違反件数が多いのに、一向に改めようとしない近江絹糸を取り締まることができなかった労働基準監督署は、この企業を「労基法破りの知能犯」と呼んでいた。

さて、近江絹糸人権争議だが、劣悪な労働条件や就労環境で働く一万人超の若年労働者を解放しようと試みた全繊同盟が、数々の失敗を経て、大阪本社を皮切りに労働組合の結成に成功してはじまったものである。本書は、その経緯を二〇〇点以上の写真を掲載しつつ説明していくものだが、出版するに至った経緯をここで述べておきたい。

著者の専門分野はサービス産業の労働問題で、とくにチェーンストア労働研究で知られると自負しているが、繊維産業の労働争議には何の縁もない。事実、前著『オルグ！オルグ！オルグ！』（新評論、二〇一八年）もチェーンストアを題材にしたものである。このような筆者が本書を手がけることになったのは、この前著がきっかけである。

現在、チェーンストアの労働者が組合員として所属しているＵＡゼンセンの前身である全繊同盟について前著で記述したわけだが、そのなかで近江絹糸人権争議にも触れることになったため、一枚の写真を掲載することになった。

このとき、近江絹糸人権争議に関する本を二冊書いている朝倉克己さんへ、何の面識もないのに、所蔵写真一枚の借り出しと使用許可を得るために手紙を書いたのである。この二冊というのは、『近江絹糸「人権争議」はなぜ起きたか』（サンライズ出版、二〇一二年）と『近江絹糸「人権争議」の真実』（サンライズ出版、二〇一四年）である。

朝倉さんは、冒頭に紹介した小説『絹と明察』を執筆するために彦根を訪れた三島由紀夫本人から取材を受けただけでなく、小説に登場する若き近江絹糸労組のリーダー「大槻」のモデルとなった人である。

手紙を投函した数日後、段ボール箱にあふれんばかりの写真と資料が届いた。開封してみると、一〇〇枚以上の写真があろうかと思われた。驚いて連絡してみると、「まだほかにもある。もっと必要なら渡す」との返答であった。

著者は真意を確かめるために、早々に朝倉さんが住む彦根市を訪ねることにした。折しも、岡山市のＵＡゼンセン中央教育センター「友愛の丘」[1]に出向く予定があり、その前日に寄ることにした。

朝倉さんと会い、話してみると、胸中に争議のことがくすぶっていて、二冊の本を出版してもまだ書き足りないと推測できた。そして、「もう気力がないので代わりに書いてくれ」と頼まれたのである。著者は、チェーンストアの研究が遅れるからお断りしたい、と言いかけて、やめた。なぜなら、眼前には争議が人々の記憶から埋没することを怖れ、口惜しそうにしている高齢の姿があったからだ。

全織同盟に関して勉強した時期があり、大量の参考著書や資料を持っている。だから、近江絹糸人権争議について書けないことはないが、類書が多く、新鮮味がないと思っていた。

ところが、信じられないことが起きた。話し込んでいるうちに、これまでの本ではないような形なら貢献できるのではないかと自問しはじめ、最後には、「写真記録をベースにした本にしますが、よろしいですか？」と打診していたのである。

著者のインタビューを受ける朝倉氏（左）

朝倉さんの顔が輝いた。と同時に、朝倉さんが所蔵する写真だけではなく、ほかからも広く集めて選ぶべきだ、と直感した。

一方、そのような本が商品として成り立つのか、また出版してくれる出版社があるのかどうか、という不安が頭をよぎっていた。このような不安を抱えたまま、この日は朝倉さんとは別れている。

翌日、岡山へ移動して友愛の丘に向かったが、当初計画していた百貨店労働組合の資料発掘は中止とし、近江絹糸人権争議の写真資料の探索に集中した。友愛の丘には、「友愛記念館」に展示する品々のためのバックヤードがある。この資料庫に大量の資料が山積みとなって眠っているのだが、目標とする写真はきちんと分類されており、約二五〇枚の写真を借りることができた。

これ以後、専門の違いなど気にしていられなくなった。体力まかせに進むしかない。大阪市のオーミケンシ労働組合を訪ねて現役の役員にインタビューし、さらに約一〇〇枚の写真を借りることにした。各地で労組幹部のOBやOGたちにも会い、インタビューを繰り返しつつ、手持ちの写真を照合するという日々が続いた。

（1）正式名称は、UAゼンセン中央教育センター「友愛の丘」。全繊同盟が結成三〇周年記念事業の一つとして一九七六年に岡山市建部町に建設した、約六万坪の巨大合宿研修施設。組合員たちが労働運動を学びに集うが、一般にも開放されている。

自分で撮った写真ではないため、被写体の説明と照合が不可欠だった。ＯＢやＯＧが提供してくれる写真が日に日に増えていく。もちろん、著者も現在の風景などを撮影したが、それ以上に、追加で提供される写真が増えていった。

　写真の合計枚数が六〇〇枚弱となったところで不安を感じ、前著の出版社である新評論の武市一幸氏に相談してみた。前述したように、出版できるかどうかという不安もあったが、それ以上に不安だったのは写真の選択であった。集めたからといって、すべての写真を本に掲載することはできない。そんな不安を解消するための相談であった。

　武市氏から、「感性で選べ」「自分の心の声を聴け」と言われ、少し落ち着いた。そのせいだろうか、所持している既存の文献や論文、そして新聞記事などから人権争議に関する復習を重ねることにした。そして、

早朝、高台から見下したUAゼンセン中央教育センター「友愛の丘」（左）。その敷地内にある石碑の一つ（右）。「団結は力」と刻まれている

今回の執筆において追加した資料を読み込むだけでなく、小説『絹と明察』も再読した。このような文献調査から、改めてさまざまなことを知ることになった。つまり、人権争議に関する既存の文献におけるウィークポイントを見つけたのだ。それは、以下の五つである。

❶近江絹糸人権争議は、一九五四年に発生した争議のみならず、一九五七年に勃発し、一九六〇年まで続いたもう一つの争議がある。「企業再建闘争」と呼ばれているこの争議に関してはなぜかあまり触れられておらず、人権争議のみに比重が置かれてきた。

❷近江絹糸人権争議は、本社労組の結成が導火線となった多発的争議であるが、多くの文献の焦点は彦根に集中しており、他の事業所については、若干目が配られている大阪の本社以外は不明である。例外もあるが、争議については経過報告のような記述であり、労働組合論や労使関係論に依拠したコメントが少ない。

❸既存文献は、人権争議自体の多面性に対する視点が弱い。労使が多様な争議戦術を駆使したため、ストライキだけに留まらず、実際にはあたかも労使関係論の教科書のごとき、複数の争議手段が積み重ねられた争議である。

❹近江絹糸労組を支援指導した上部組合の全繊同盟については、右派労組としての指導方針や判断への批判があるにせよ、全繊同盟自体を正面から取り上げた詳しい分析が少ない。

❺近江絹糸人権争議に当初から潜んでいて、企業再建闘争において、いわゆる全繊派である「本部派」と、反全繊の「再建派」の対立となって露出した労働運動の左右対立については取り上げられていない。

本書では、これらに留意しながら執筆することとした。各章の構成は、人権争議前史、労組の結成、争議中、人権争議終結、全繊同盟、もう一つの企業再建闘争の順に展開することとし、最後に平成末期に至る期間を加えることで総括に代えた。また、各章の冒頭で解説を記したあと、その内容に関係する写真記録資料を提示することにした。

前述したように、本書に掲載した写真記録資料は二〇〇点を超える。基本的には時系列に沿って掲載されているので、読者のみなさんは、映画のコマ送りを観ているかのような感じがするかもしれない。もちろん、それを意図して構成しているわけだが、「現代史の新しい読み取り方」というように捉えていただければ幸いである。

もくじ

第1章　争議の前　3

近江絹糸

第2章

ついに組合が結成された

近江絹糸

第3章

争議の実像

近江絹糸

近江絹糸

第4章

近江絹糸

第5章 全織同盟

近江絹糸

近江絹糸

第6章 もう一つの争議　145

近江絹糸

近江絹糸

写真記録・三島由紀夫が書かなかった近江絹糸人権争議——絹とクミアイ

第1章

争議の前

積極果敢な経営で目覚ましい成長を遂げ、十大紡を脅かすほどの成長を見せることができた近江絹糸。しかし、その水面下では、社長夏川嘉久次（一八九八～一九五九）[1]が固執した劣悪な労働条件があり、専制的な労務管理が行われていた。まさしく、そのような労働環境が企業拡大の原動力となっていた。

「夏川王国」「格子なき牢獄」「現代の女工哀史」[2]などと表現される過酷な工場と寮を往復するだけといった生活ぶりが漏れ聞こえてくるなか、繊維産業の労働組合である全繊同盟[3]は、いちはや

（1）父親の夏川熊次郎（一八七一～一九三〇）が滋賀県彦根市に設立した近江絹綿（のちに近江絹糸）に入社し、一九三七年に社長就任。人権争議が発生すると、国民の憎悪の的になった。

く近江絹糸の民主化を計画し、労働組合の結成を狙った。

つまり、全繊同盟は人権争議が発生した一九五四年の直前ではなく一九四九年から近江絹糸の民主化に着手していたわけである。だが、成果が上がらず、また人権争議の印象が強烈であったため、この事実は過小評価されがちとなっている。実は、近江絹糸人権争議の成果は、こうした事前の失敗経験によるところが大きい。

近江絹糸では何度も労組結成の動きがあったのだが、これまで、すべて会社側が封殺してきた。しかし、一九四九年一月、近江絹糸彦根工場の労働組合員の若者が、総同盟[4]滋賀県連会長に相談するために訪れた。若者が加入していた労働組合は会社側の主導で発足した御用組合[5]であり、劣悪な労働条件の向上を目指すどころか、労働者を監視する組織に過ぎなかった。このとき「有志たちを集めて新組合を結成したい」と言ったのだが、会社側の妨害と首謀者の解雇が予測されたため、労組内部の改革を続けることにした。

ところが、若者たちの動きを知った会社側は、彼らを素早く解雇した。この急展開に、総同盟滋賀県連は急いで近江絹糸民主化闘争委員会（第一次近民闘）の設置と支援を決定している。

近民闘の発足を受けて若者たちは、一九四九年一月二四日、彦根城天守閣下にあるグラウンドに集まり、三〇人で第二組合[6]を結成して、直ちに総同盟へ加盟した。

会社側は第二組合の役員たちを出勤停止処分としたが、総同盟の助力により、二月上旬には九〇〇人超へと拡大した。だが、そこから、なりふり構わない会社側の組合員個人への切り崩しがはじまった。これにより第二組合は崩壊しはじめ、三月九日の両労組合同大会において吸収され、早々と消滅した。言うまでもなく、この敗退に近民闘は解散している。

二年後の一九五一年六月三日、彦根工場の「仏間」で大惨事が発生し、労組結成の動きが再燃した。仏間とは、近江絹糸労組が一週間に一度行っている仏教行事（読経や唱和）をはじめとして、労働者を一堂に集めて各種の行事を行う際に使用される畳敷きの大広間のことである。当時、彦根だけでなく各工場に設けられていた。

（2）紡績工場で働く女性労働者の姿を描く細井和喜蔵の作品名。その内容から工場で働く女性の過酷な作業や厳しい生活などを示す言葉となった。執筆を助けた妻の高井としをは『わたしの「女工哀史」』を出版している。

（3）一九四六年に結成された、繊維産業の労働者が加入する全国繊維産業労働総同盟。近江絹糸労働組合の結成と争議を支援、指導した。再編と統合を経て、現在は小売を筆頭に多種の産業をカバーするＵＡゼンセンとなっている。

（4）戦前、鈴木文治（一八八五～一九四六）らが設立した労働者団体の友愛会を母体として発足した労働組合で、戦時体制の下で一九四〇年に解散した日本労働総同盟（旧総同盟）の後身組織。戦後の労働運動の復活により、一九四六年に結成された。

（5）労働者の代表としての自主性がなく、労働組合の体裁を取っているが、会社側に従属して活動する労働者団体であり、「会社組合」とも呼ばれる。

（6）すでに労働組合が存在している場合に、あとから結成された労働組合のことで、「二組」とも呼ばれる。二番目に結成された労組のことであり、三番目なら「第三組合」となる。

この仏間で、約七〇〇人が集まった新人歓迎映画会が催されたのだが、そのとき火災が発生して大混乱となった。早期に消火されたものの、逃げまどう労働者が殺到した非常階段では、転倒した人が折り重なり、二三人が圧死している。

この惨事を、三島の『絹と明察』（講談社、一九六四年）は次のように描いている。

惨事はそのあとに起つた。映写機の倒れる音、暗闇《くらやみ》のなかで突然高くのぼった焔に、近くの少女が悲鳴をあげた。入口の近くにいた者は、すぐに階段のほうへ駆け出した。不幸なことに、この混乱のなかで、場内の電気をつける余裕も、窓のカーテンをひらく余裕もなく、暗闇のまま、数百人が一せいに窄《せま》い入口の階段へ殺到したのである。

階段は幅一間半の鍵型《かぎがた》で、中間にせまい踊り場があった。早く降りて戸外へのがれた者は無事だったが、あとから来た一人が転倒すると、将棋倒しになって、あとの者が押し重なり、途中の欄干が裂けて、何人かが下へ落ちた。

悲鳴と叫喚の間に、「火は消えたぞ」と叫ぶ人があっても、もう耳には入らない。ますます前へ押し寄せて、戸外へのがれようとする。下敷きになって声もあげられない同僚の体を、踏み越えようとする者が、又うしろから押されて前へころがり落ちる。

やっと階段の燈火をつけた者がある。そこの踊り場の窓にも黒幕が張られていたのである。

> 階段の燈火は、電気の節約のために薄暗い。しかし、この点燈で一瞬人々が我に返り、眺《なが》めたものは怖《おそ》ろしい固まりだった。階段いっぱいに同じ薄みどりの作業衣が山積して、それがうねって、呻《うめ》き声を上げて、血を流している。階段の下にも、大ぜいの泣き声が薄闇の中にきこえる。この光景をまざまざと見て、残りの者は立ちすくんだ。（前掲書、三〇～三一ページ）

事故調査において、消防署、病院、警察署、労働基準監督署などへの連絡はすべて事故処理後となるなど工場側の「証拠もみ消し」行為があった。一方、「労働基準法」違反や劣悪な寮生活が露わになり、大問題ともなっている。

すぐさま近江絹糸民主化闘争本部（第二次近民闘）が設置され、全繊同盟から委員長に争議部長の山口正義(7)、書記長に滋賀県支部の西田八郎(8)が着任した。これによって、彦根工場の労働者や彦根市民へ向けて大量のビラを配布する近民闘と、全繊同盟を誹謗中傷する近江絹糸との攻防が

（7）（一九〇四～一九六六）戦前からの労働運動家。戦後、全繊同盟にスカウトされ、争議対策部長、組織部長を務めた。その風貌から「ライオン」というニックネームが付けられた。「伝説のオルグ」と言われる佐藤文男（一九二五～二〇一七）や、オルグ時代の山田精吾の上司でもある。

（8）（一九二二～二〇〇九）東レ労働組合出身。人権争議では、近江絹糸労組彦根支部を指導した。全繊同盟滋賀県支部長就任を経て、組織内議員として民社党から出馬し衆議院議員を五期務めた。

はじまることになった。

第二次近民闘が発足した直後、全繊同盟は、近江絹糸彦根工場内に労働組合結成の意欲に燃える若者、植村節と接触した。

一九四八年に近江絹糸に入社した植村は、彦根工場で精勤していたが、映画会での大惨事における会社側の対応に不満を募らせていた。消滅した第二組合に参加していたという経験もあって、労組結成へと発起した植村は、工場内の実態がつかめずにいた第二次近民闘にとっては絶好の若者であった。

だが、会社側は、一九五一年九月、御用組合が植村の勤務成績を問題視したことを理由にして除名した。つまり、会社側が「ユニオン・ショップ協定」を濫用して解雇したわけである。

ユニオン・ショップ協定とは、労働組合が会社側と結ぶもので、組合員資格と雇用資格を対応させる協定である。本来は、組合員の加入と団結を促す手段であるわけだが、労働組合と会社が手を結べば、労組からの除名が解雇の口実に利用されるという危険性がある。

植村は大津地方裁判所で争うことになり、一九五四年一月には「解雇無効判決」が下され、解雇後の賃金保障を得ることとなった。

同じような事件がほかにもあった。一九五〇年、彦根工場に入社した中岡長一は、劣悪な労働条件に抵抗を示し、全繊同盟の協力を得て労組結成に着手した。ところが、この動きを察知した会社側は、一九五二年四月に津工場へ異動させている。さらに、津工場でも労組結成に動いたために解雇されている。

　中岡は、約二〇人の男子寮の有志とともに一九五二年五月初旬に労組結成を計画していたが、四月末、突如として会社側主導の御用組合が結成された。そして五月四日、中岡は突然解雇され、即時退寮を迫られた。このとき中岡は、工場から国鉄津駅（当時）まで強制移送されている。

　このため、三重県地方労働委員会（地労委）へ「解雇取消あっせん申請」を中岡は行ったが、九回にわたるあっせんを会社が受け付けないため、不当労働行為[9]で提訴した。一九五三年六月二九日、地労委は八回の審問を経て解雇取消と職場復帰を命令したが、会社側は不服として中央労働委員会（中労委）へ審査が移された。しかし、中労委は会社側の申立を棄却した。

　この結果、現職復帰を果たした中岡だが、その翌日、御用組合から除名され、それを根拠にユニオン・ショップ協定によって解雇されてしまった。また、御用組合からの除名と並行して、寮自治会が中岡との交際を絶対に避けるようにと、寮の各室へチラシを配布している。そこには、交際した場合は懲罰する旨が書かれていた。つまり、村八分である。

　このように会社側は、御用組合を防波堤のように利用して、全繊同盟による労働組合の結成を

（9）「労働組合法」は、労働組合の活動を保護し助長する目的で、会社側の不当労働行為を禁止し救済している。その内容を大別すると、組合員の不利益取り扱い、団体交渉の拒否、支配介入がある。

防いでいたわけである。労働者を守るために全繊同盟が秘密裡に進めても、会社側はことごとくその動きを見破って完封した。徹底された全繊同盟排除政策を可能にしたのは、労働者の寮生活を統括する「舎監《しゃかん》」の強力な監視制度と、報償を通して労働者同士を監視させる密告制度であった。

舎監の説明をしておこう。近江絹糸の各工場にある寮において、現場労働者たちの集団行動を指導する人物で「先生」と呼ばれていた。現実には、会社側の労働者監視手段の一つであり、若者たちの本音を言えば、「先生」と呼ばれるような存在ではない。男子寮、女子寮にそれぞれ舎監がおり、女性舎監を中心に大学の新卒者が採用されていたが、一部、中途採用の中年女性もいた。

これら舎監の活動をさらに確実なものにしたのが密告制度である。言葉どおり、工場内を中心に、不審な動きを見せる労働者を監視することである。そのような動きをしている者を会社側に密告し、有効な情報であれば報償として昇給される仕組みとなっていた。そのため、労働者は相互監視下に置かれることになるのだが、かなりの効果があったようだ。

さて彦根工場では、一九五三年六月、朝倉克己（一九三四〜）ら一一人が、御用組合の内部改革を目的として、執行部入りを狙って立候補をした。朝倉とは、「まえがき」で紹介したように、本書執筆の切っ掛けとなった人物である。

一九五〇年に近江絹糸彦根工場に入社し、彦根東高校の夜間部に入学している。のちに彦根支部結成時の首謀者で、初代彦根支部長となったほか、一九七四年には近江絹糸労組第四代組合長も務めている。さらに、一九七九年からは彦根市議会議員を三期務めたのち、滋賀県会議員、民主党滋賀県連幹事長などを歴任している。

朝倉は、会社側が強くすすめる近江高校[10]を選択せず、彦根東高校へ通学するという反抗的な集団のメンバーであった。工場側の幹部と御用組合側は、立候補を取り下げるように威圧的な説得を繰り返すとともに、男女の寮生たちに同調しないよう働きかけた。

その激しさに立候補者たちは、強行した場合における効果の現実性や予想される報復を考慮し、玉砕覚悟で立候補を取り下げない三人を除いて、朝倉ら八人は立候補を取り下げることにした。この三人は当選を果たしたわけだが、御用組合に取り込まれしまい、労働者の期待を裏切ることとなっている。

立候補を断念した八人のうち、まず一人が大垣工場へと転勤となり、朝倉らも転勤が画策されていることが明らかになった。だが、地元新聞の記者と接触していた朝倉が告発をし、記事に掲載されたことで大垣工場に転勤となった仲間は再び彦根工場に戻り、くすぶっていた転勤命令も

---

(10) 夏川嘉久次が戦前に創立した近江実修工業学校と近江高等女学校を一九四八年に併合した定時制高校。彦根工場採用の中卒労働者が入学を強く促された。同校野球部は、二〇一八年夏の全国高校野球選手権大会に出場し、準々決勝で金足農業に敗れた。

立ち消えとなった。

このような経緯があって、近江絹糸の封建的な労務管理は労働者たちの不満を大きく増幅させることになったほか、前述したような会社の非道ぶりが改めて証明されることになった。このため全繊同盟は、不退転の決意のもと、民主的な労働組合の結成に踏み出すこととなった。この動きの陰には、近民闘に参加して情報収集活動を続けた植村節と中岡長一の献身的な働きがある。

近江絹糸は一九五三年に資本金を一〇億円に倍額増資し、加古川工場建設による化繊部門進出を狙うなど、絶好調という状況であった。こうしたなか、全繊同盟は同年に真相発表会を開催し、近江絹糸へ宣戦布告したうえで大々的に情報発信をはじめることにした。

全繊同盟の動きは素早かった。滝田実[11]、山口正義、西田八郎など、全繊同盟初期の最高幹部が作戦会議を開き、近江絹糸全事業所に労働組合を結成すべく各地へ「オルグ」を配置している。オルグとは、「オルガナイザー」「オルグマン」の略称である。本来は、労働組合の結成や組合員の加入を推進する組織化の担当者を指す言葉だが、広い視点に立てば、労組運営や組織拡大、さらには労働運動に関するあらゆる活動やそれらの担い手を指す言葉として使われている。

早くも翌年の一九五四年六月、ついに全繊同盟に加盟する近江絹糸労働組合の結成が実現した。しかも、最初に労組結成に成功したのは大阪本社であった。蜂起したメンバーは、地方から集団就職でやって来て、工場に直接配属された労働者ではなく、東大、京大、早慶大などを卒業し、会社側が将来の命運を賭けて採用した優秀な幹部候補生たちであった。つまり、ホワイトカラーに属する人たちである。

今や死語ともなっているホワイトカラー（白い襟）とは、ワイシャツとネクタイを着用する事務職や管理職などを指した言葉であり、職業区分を示していた。一九六〇年代から一九七〇年代にかけて使われ、「職員」とも呼ばれていた。これに対するブルーカラーは、作業服を着用する工場労働者や運輸労働者などを指し、「工員」と呼ばれていた。現在、これらの言葉を耳にすると、何となく差別感が漂ってしまう。

それはさておき、ホワイトカラーによる蜂起は想像以上に会社側の痛手となったほか、各工場での労組結成に対する影響力も絶大なものとなった。このような経緯で労組が結成されたことは、近江絹糸人権争議の大きな特徴の一つともなっている。

さて次章では、結成された組合の活動を詳しく追っていくことにするが、その前に、ここまでの経緯を写真にて振り返っていただきたい。本章における記述を補足する意味も含めて、少し詳しいキャプションを記しているので、あわせて参照していただきたい。

（11）（一九一二〜二〇〇〇）一九三一年に富山県立高岡工芸高校卒業後、日清紡入社。一九四八年、日清紡労働組合組合長、全繊同盟会長。のちに、全労会議議長、国際自由労連副会長、同盟会長を務める。

作業前の工場の風景

作業にとりかかる直前に祈りを捧げる女性労働者達。近江絹糸では、郡是（グンゼ）のキリスト教教育にヒントを得て、表面的な仏教教育を徹底し、労働者を工場作業に集中させるためにありとあらゆる手段をとっていた。（提供：オーミケンシ労組）

嵐の前、彦根工場と富士宮工場の様子

日本全国が注目した近江絹糸人権争議が起こる前の、本拠地である彦根工場と富士宮工場の風景。

（上）彦根工場構内。休憩時間にはいつもの通り、女性労働者達が広場でおしゃべりをしている。工場入り口正面時計下には「全力集中」「常時整頓」の文字。毎日、何も変わらない工場内に変化をつけるため、季節ごとにスローガンは入れ替わる。（提供：朝倉克己氏）

（中）同じく彦根工場構内。食事が終わり、仲間と歩いたり、芝生の各所に散ってベンチや芝生に腰を下ろす。争議のことなど予想していない少女達。まさに「嵐の前の静けさ」である。（提供：朝倉克己氏）

（下）富士宮工場で行われた琴の発表会の模様。女性労働者達は寮と職場の往復だけで、ほとんど外出する時間もなかった。寮生活では、終業後、様々な行事があって忙しい。その合間に、料理、裁縫、華道、琴などといった趣味の活動が挟み込まれていた。（提供：滝澤雄一郎氏）

嵐の前の富士宮工場

争議が発生した1954年の元旦の記念写真。

（左上）フォークダンスに興じる事務員達。（提供：巨海公子氏）

（右上）事務員の２人。（提供：巨海公子氏）

（下）同年３月、日帰り社員旅行で静岡県の三保の松原へ出かけ、狐ヶ崎の遊園地で遊ぶ事務員達。後ろには、昭和20年代の観覧車が見える。同じ３月には、事務員仲間で新潟県糸魚川の明星山へハイキングにも出かけている。（提供：巨海公子氏）

同年３月の風が強い日。刻一刻と争議が迫っているが、知る由もない。（提供：巨海公子氏）

同年２月、寮の縁側に顔を揃えた事務員達。
（提供：巨海公子氏）

富士宮工場における綿紡績の職場

上から順に、混打綿、梳綿、連粗の各職場の様子。（提供：巨海公子氏）

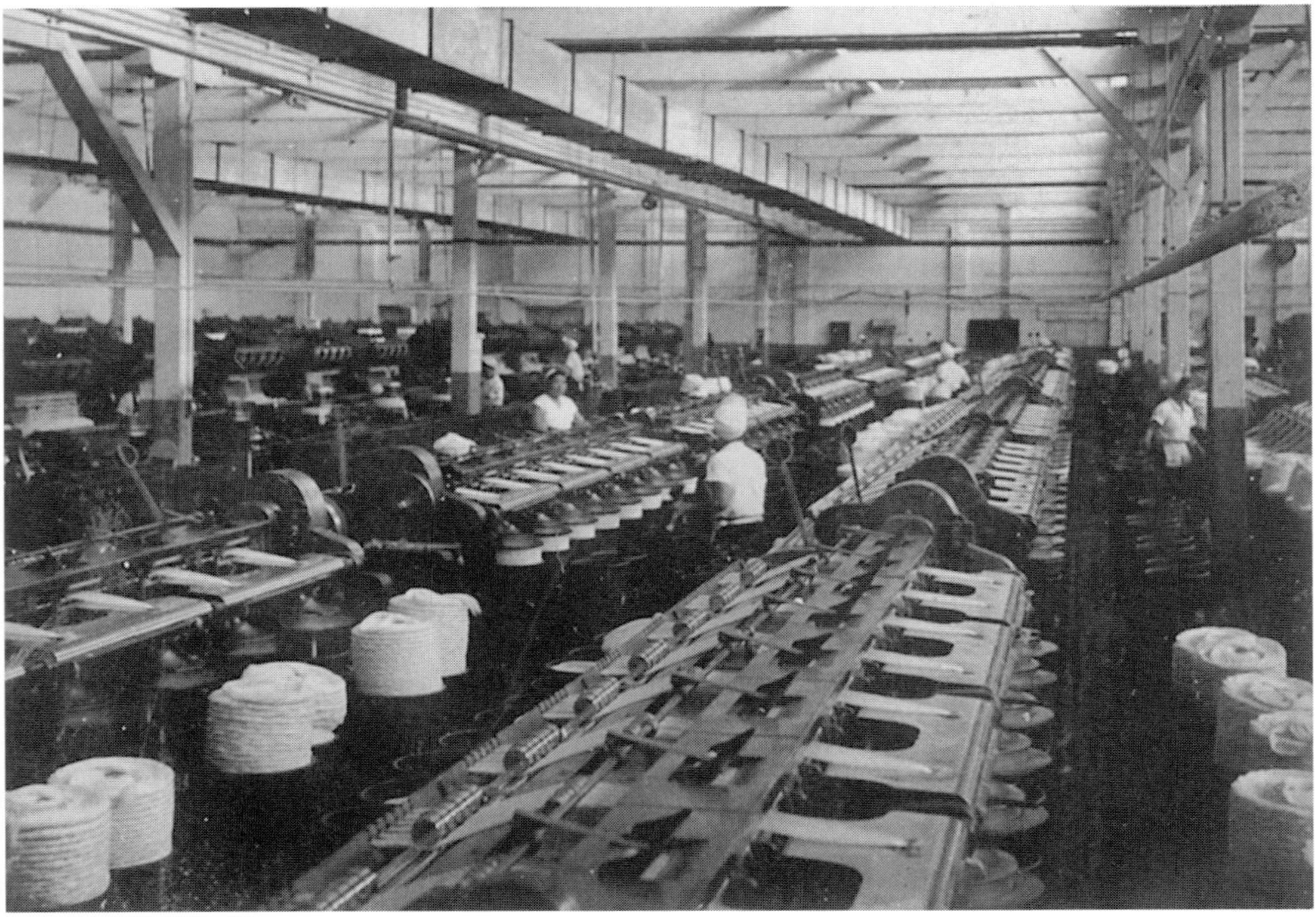

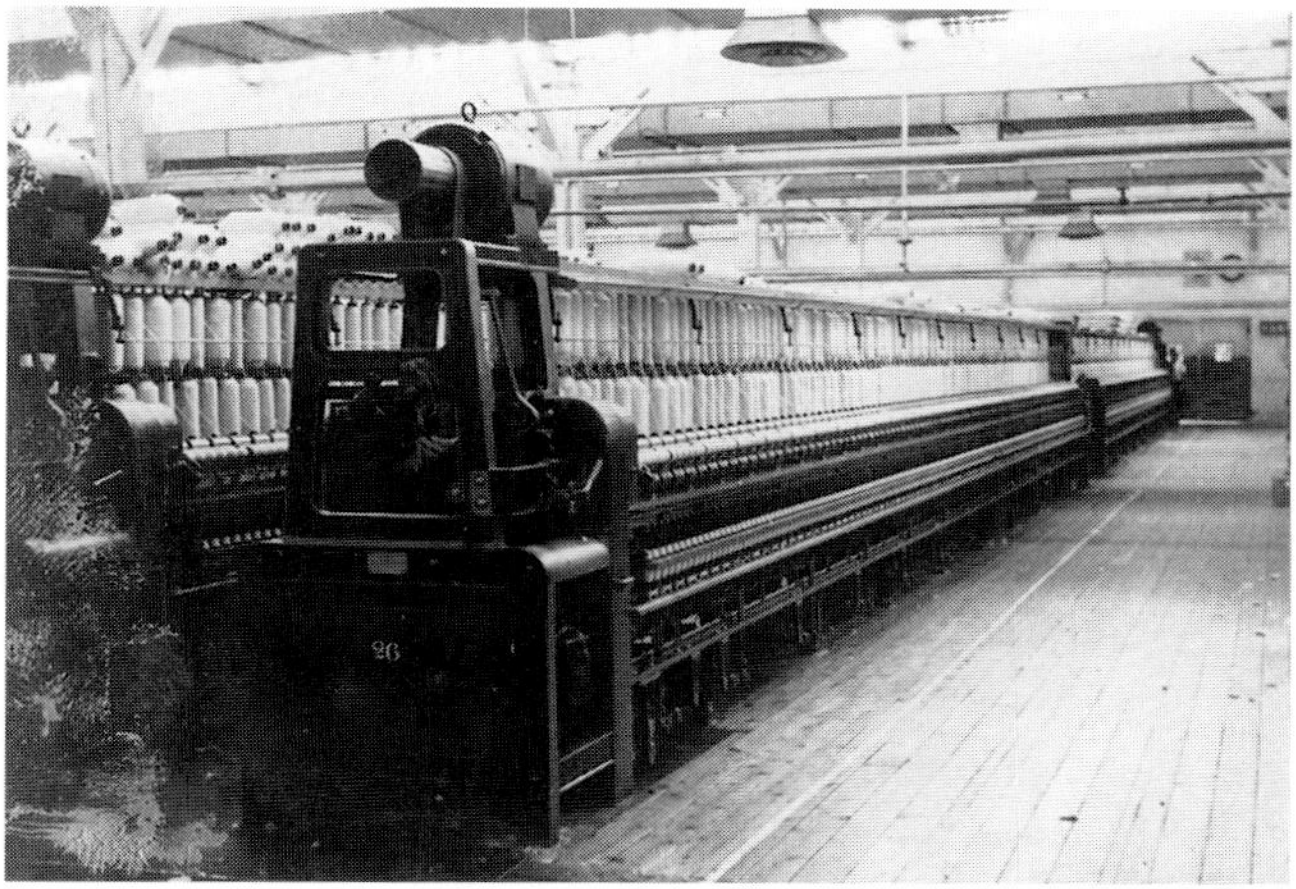

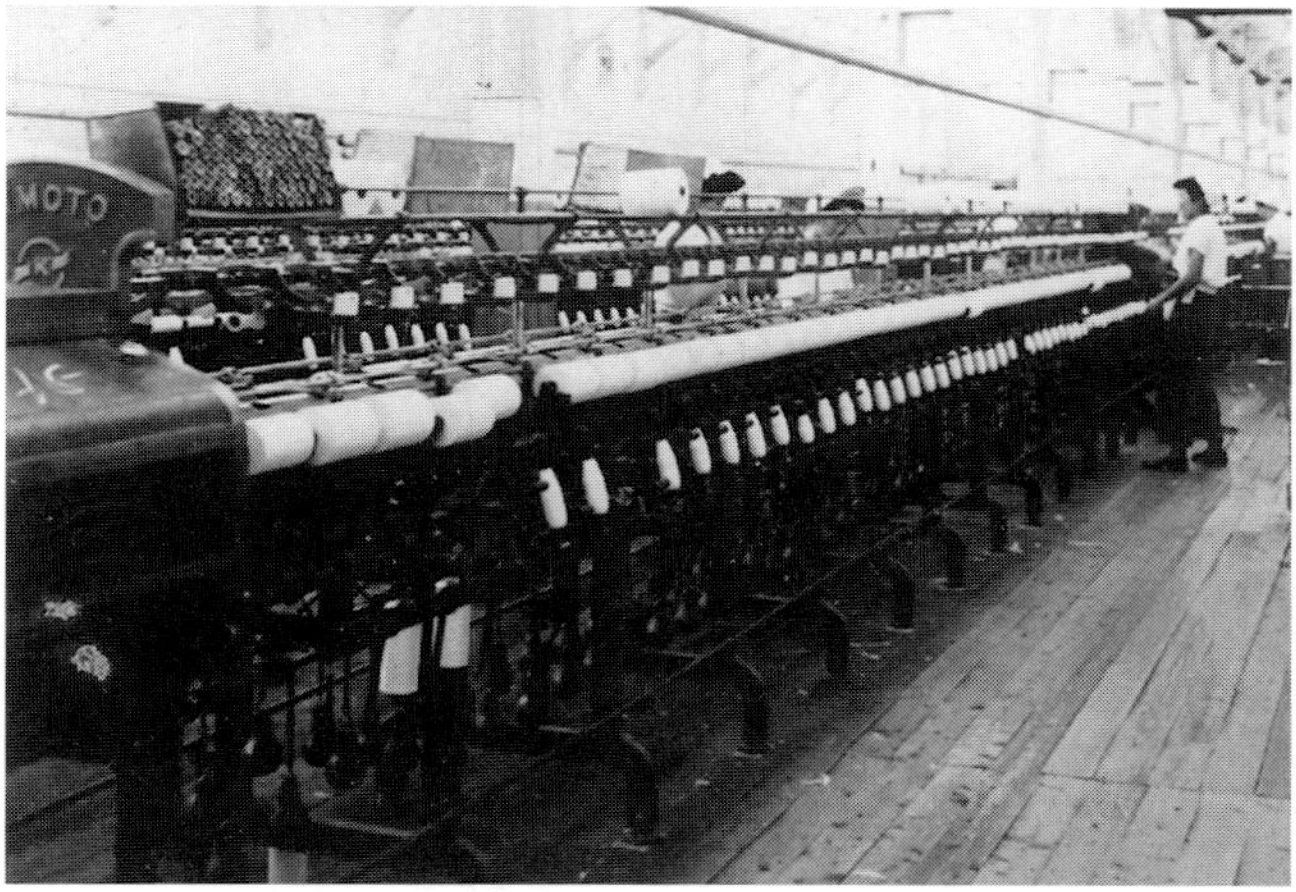

同じく、富士宮工場の綿紡績の職場。上が精紡で、下が仕上げ。（提供：巨海公子氏）

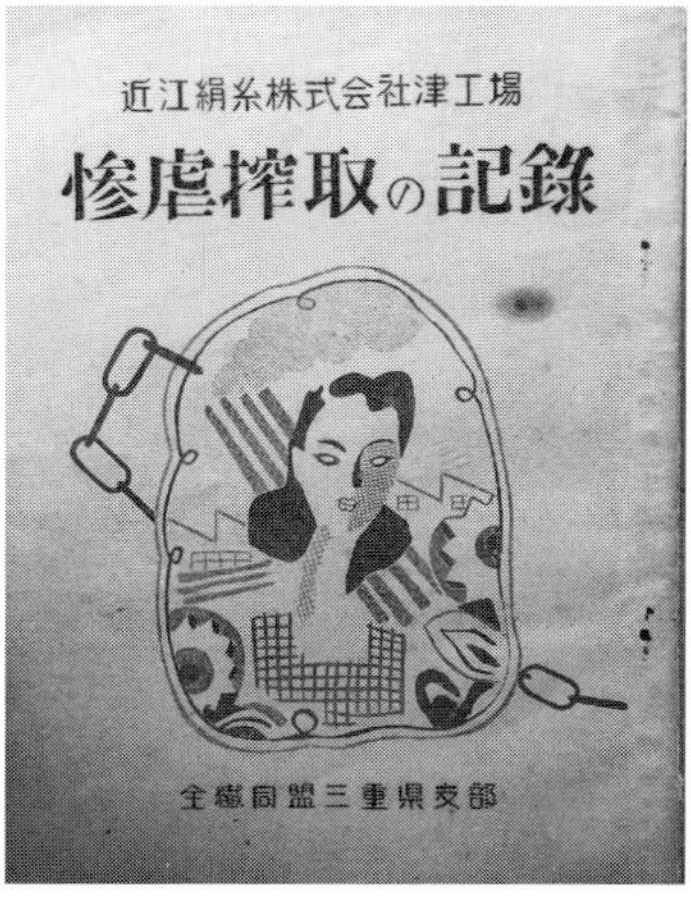

近江絹糸の労働実態に関する告発本

『近江絹糸株式会社津工場・惨虐搾取の記録』と題されたこの本により、津工場の悪行が市民の知るところとなった。近江絹糸が行った不当労働行為（組合活動を理由とする不当解雇）、「労働基準法」違反（超過勤務の強要と賃金不払い）、指定高校入学強要（指定外高校入学者の通学禁止と解雇）など「惨虐搾取」の実態がつまびらかに書かれている。

近江絹糸の実体はこうだ

文句云えば首

佛教で懐柔、時間外も酷使 さながら格子なき牢獄

既報のとおり全繊第三回評議員会は執行部提案の「近江絹糸紡績不当労働行為糾弾に関する件」を満場一致で可決した。そしてこの下旬に、東京を中心に同社工場所在地で一斉に「近江絹糸女工哀史真相発表大会」を開いて世論を盛り上げ、悪質資本家近江絹糸に一大鉄ついを加えることになった。廿四年六月、一瞬にして廿三名のうら若き乙女の生命を奪った惨事を契機に、結成された全繊同盟近江絹糸民主化闘争委員会は爾来満四年、近江絹糸労働者の解放を目ざし、ひいては日本の民主化のために、あらゆる機会をとらえて闘って来たが、悪逆無道な近江絹糸経営陣は反省するどころか、ますます圧迫とサク取をほしいまゝにしている。しかし、今や彼らに決定的な鉄ついを加えるときが来たのだ。彼らがいかに巧妙な手段と、陰険な方法を用いて、労働者を苦しめ抜いて来たか、今様女工哀史の全貌が白日にさらされるときが来たのだ。われわれは、今こそ同じ繊維労働者として格子なき牢獄にあえぐ彼ら近江絹糸労働者の解放に奮い起とう――以下は〝近江絹糸罪悪史〟の断片的報告である。

廿四年六月の惨事

―君

近江絹糸が働らく者をいかに虐待して来たか？その全貌はとうていこゝではのべきれない。だから以下の報告は大雑ぱな、しかも断片的なものだということを念頭において理解してもらいたい。それほど近江絹糸の罪悪は深く、広いのだ。

近江絹糸の悪質な労務管理がバクロされたのは廿四年六月三日の惨事件がきっかけになっている。この惨事というのは当日会社が新入工員の映画鑑賞会というのを仏間と称されるところでやった。ところが映写機に火がついて火災を起した。その火は仏間一面に燃え広がり、うら若い乙女たちは逃げ迷ったが、非常口には板が釘付けされ、入口は消防法違反で狭く通路には板に釘のささった機械の残がいが散乱していた。このため一人がつまずいて倒れると折重なって数十名が倒れまさに阿鼻叫喚の地獄図絵を現出し、廿三名の死傷者を出すに至ったのだ。非常口が開いていたら、通路が広かったら、入口が消防法通りだったら、また通路に釘の出た板切れなぞなかったら、死傷者など出さずにすんだのだ。スネにキズもつ会社側が、警察から現場検証に来たときは、すでに死体は片づけられ、不利になると思われる「物件」が片づけられていたことはいうまでもない。しかしこの事件が起きたので近江絹糸の今迄の[illegible]行為が、民主化闘争委員会の結成と同時に次々とバクロされて行ったのだ。

その内容は？ 近江絹糸という会社

―君

まず近江絹糸という会社がどういう者によって経営されているかを語ろう。

昨年十一月資本金十億円になった新紡中の第一位の大会社近江絹糸は社長夏川嘉久次、専務西村貞蔵（夏川社長実弟）常務夏川英三郎（実弟）営業部長夏川鉄三郎（実弟）夏川工場課長（実弟）、本多寿三郎（社長外戚）という顔ぶれを見てもわかるように夏川一家の同族会社だ。世間には同族会社も多い、しかし世間の同族会社は殆んどが株式の公開はしていない。また規模も小さい、近江絹糸はその最大のものにのし上り、公開しているので同族以外の株主から同族会社の悪い面をつかれない勤労者のギセイにおいて株主の歓心をとることを怠らない。脆弱な基礎にある一地方の小会社が、敗戦後廿三年以来またたく間に五位の大会社にのし上ったウラには、並はずれた罪悪史が秘められているのだ。

宗教の自由もない

大慈大悲のみほとけの
智慧のひかりに照らされて
まよひの闇をはらしつゝ
この世あの世のわかちなく
身も生もなべてみ仏に
うちまかせてぞすすみなん
このおほいなる御めぐみを
朝な夕なにおもひいで
大御心をこゝろとし
こゝろあはせて人のため
世のためつくす一すぢの
道こそわが社のつとめなれ

機関紙『全繊新聞』に掲載された風刺漫画

1953年5月16日付の記事。圧死事件で「不退転の決意」を表明した全繊同盟は、争議の前年となる1953年から近江絹糸を徹底批判する情報宣伝活動を開始した。そして『全繊新聞』に、労務管理の実態を暴露する風刺漫画付きの記事を次々に発表した。（提供：UA ゼンセン）

近江絹糸を民主化せよ

全繊維資本家との闘いに繋る

集れ！女工哀史
眞相発表大会へ

人間の基本的な自由をもハク奪し、働く者を酷使しつづけて肥った近江絹糸は、民闘委の不断の闘いにもかかわらずいぜんとしてサク取をほしいままにしている。そしてこのような近江絹糸の存在をあたかもよいことのように、繊維資本家連は企業不振を前面に振りかざして首切り低賃金、労働強化、福利厚生費用の削減を強行して女工哀史を再び綴ろうとしている。だからいま全繊が一本で闘っているささやかな賃上げすらも彼らはこれを不当として阻止しようとしているのだ。このような情勢の中でわれわれは近江絹糸女工哀史眞相発表大会を開くことになったが、この闘いは近江絹糸に対する闘いのみではなく、日本の繊維資本家に対する闘いと深くつながっていることを深く銘記する必要がある。この日を期して近江絹糸を頂点とする繊維資本家との闘いをさらに大きく盛り上げよう。

近江絹糸女工哀史眞相発表
大演説会

日時　六月十二日（金）午後一時
場所　有楽町讀賣ホール
次第＝日紡ブラスバンド・労働歌合唱（同志の歌）。開会挨拶、主催者代表（滝田会長）挨拶。眞相発表（滋賀県支部西田書記長・三重県支部皆川書記長）激励挨拶（上条愛一・赤松常子両参議院議員）労働歌（世界をつなげ花の輪に）映画「手は語る」（アメリカ繊維労働史）「少女達の発言」（全繊同盟製作）「労働ニュース」（労働省提供）

なお参加人員は都民および都支部所属の各組合員。地方大会は近江絹糸工場所在地で中央大会後右に準じて行う

『全繊新聞』1953年６月６日付の記事。６日後となる６月12日に有楽町読売ホールで開催予定だった「近江絹糸女工哀史真相発表大演説会」の告知記事。（提供：UA ゼンセン）

大詰めの作戦会議

1954年３月、長年の近江絹糸労働問題に終止符を打つべく、総決戦前の作戦会議を開く「近江絹糸民主化闘争委員会（近民闘）」。彦根工場を担当してきた近民闘書記長の西田八郎（正面右から２人目）、全工場を統括する委員長の山口正義（同３人目）に、全繊同盟会長の滝田実（同４人目）らが加わり、最終調整を行った。（提供：朝倉克己氏）

争議に突入する直前の週末

1954年６月４日金曜日、富士宮工場。

５月末、大阪本社労組が秘密裡に結成され、６月３日には岸和田支部が結成された。

以後、各工場で支部結成が進み、週が明ければ激動の日々が幕を開けることになるのだが、富士宮工場ではまだ無風状態であった。仲良しグループで、昼休みにバレーボールを楽しんでいた。（提供：巨海公子氏）

第2章

ついに組合が結成された

大阪本社の労働組合の結成は、前章で述べたように一九五四年六月である。全繊同盟は、前年末に本社内部で有志たちが秘かに結成を狙っていたことを知り、その首謀者に接触した。当初は、組合結成の計画が漏れたことに驚き、会社側に発覚することを恐れた有志たちであったが、徐々に理解を示すようになり、全繊同盟との接触がはじまった。

ホワイトカラーの若者たちは、解雇を恐れたというよりも、それまでの失敗の分析から外部勢力に頼らない自主的な労働組合の結成を計画していた。その一方で、闘争資金面などの困難さを勘案して、全繊同盟以外の選択肢がないことを理解していた。

結成された近江絹糸本社労働組合の首謀者は、入社二年目の新入社員たちであった。組合が結成される前年の一九五三年には、大卒の採用者が一気に二〇人となっている。しかも、その多くは銀行役員などから推薦された俊英であり、「昭和二八年入社組」とも呼ばれていた。

　これらの新入社員、入社してみると近代的企業といった触れ込みとは大きく違い、その実体は封建的な会社であるということが分かった。寮生活、わずかな休日、日曜出勤、雑巾がけなどといった清掃、そして仏教への信仰など、当時の言葉で言えば「丁稚奉公」のような扱いに失望したわけである。

　新入社員集団のリーダー格を務めた一人が大塚敬三（一九二八〜一九七四・第二代組合長）である。京都大学を卒業して、一九五三年に近江絹糸本社に入社した大塚敬三は、労組の結成を決心すると、秘かに仲間を少しずつ増やして、話し合いながら計画を具体化していった。だが、新人がリーダーでは不都合があると判断し、一九五四年に入ると、山口大学卒業後、一九四九年に入社した計算係長の渡辺三郎[1]や、早稲田大学を卒業し、一九五一年に入社した会計係長の木村進（一九二七〜二〇一四・初代書記長）を担ぎ上げるという賭けに出た。

　この二人が賛同すると、一気に形勢が整った。ともに会社の金庫番と呼ばれる中間管理職であり、誠実な人柄や真面目な勤務態度で人望を集めていた。会社側からすれば、労組に参加するという「愚を犯す」心配がまったくなかった人物である。逆に、若者たちからすれば、「あの人がリーダーなら……」と仲間を増やす起爆剤となった。

渡辺と木村は、従来通り黙々と仕事をこなす態度をとって、まるで何事もないかのように無風状態を装った。そんななか、大塚らが主力となって極秘の勉強会や参加者への説得を続けていった。

そして一九五四年五月、まるで無警戒であった夏川嘉久次社長が海外視察に出掛ける隙を突いて、近民闘（四ページ参照）と有志たちが動き出した。全繊同盟は、大阪本社での労組結成を急ぐとともに、結成後の全事業所総決起を決定し、各地区に配置しているオルグに指令を出した。五月二五日、まず二〇人で近江絹糸本社労組（組合長・渡辺三郎、書記長・木村進）を結成して全繊同盟に加盟し、要求項目を決定した。要求項目づくりでは、意図的に「賃上げ」などといった経済的な要求項目を除外し、労働者たちの不満のうち、「労働基準法違反」や「人権侵害」にかかわる項目を中心に据えることにした。その理由は、会社側の対応として、賃上げを突破口に労組を切り崩すことを見通していたからである。

この結果、近江絹糸争議を「人権争議」と呼ばせる根拠となった「二二項目要求」が出現したわけである。結成直後、近江絹糸労組が会社側へ要求したこの二二項目のなかには、「結婚の自由を認めよ」「仏教の強制をやめよ」「信書の開封をやめよ」などといった労働者の人権に関する

（1）（一九二九～一九九五）初代組合長を務めたほか、一九八八年には近江絹糸ＯＢ会を結成し、会長に就任している。

要求が含まれていた。これもあって「人権争議」と呼ばれたわけだが、「人絹」にかけたという説もある。

大阪本社労組の結成後、次の結成目標は、もちろん各工場と営業所であった。当時、本社、東京営業所、名古屋営業所のほか、彦根（主な製品は絹、綿、スフ、梳毛）、長浜（織布）、岸和田（織布）、大垣（綿、スフ、織布）、津（綿、スフ）、中津川（スフ、織布）、富士宮（綿、スフ、抽糸）といった工場編成となっていた。

六月二日、近江絹糸本社労組は、大阪日紡労働会館で決起大会を開催し、組合員数が一五〇〇人に増えている。この決起大会に呼応して、六月四日に岸和田支部、六月七日に彦根支部、六月九日に中津川支部と富士宮支部、六月一〇日に大垣支部、六月一二日に津支部、六月二五日に名古屋支部、六月二八日に長浜支部と東京支部が結成されていった。

これらのなかから、彦根支部、富士宮支部、大垣支

《column》

原綿の加工――混打綿、梳綿、連粗、精紡、仕上

原綿は開俵され、複数の種類を混ぜて荒打ちされる（混打綿）。この過程で、埃やゴミなどが除かれ、繊維が長く平打ちされた「ランプ」状態にされる。ランプは梳綿機にかけられ、櫛でといて整えられ、一本のひも状の太い棒のような「スライバー」となる（梳綿）。

このスライバー６本を１本にして、さらに延ばして丈夫な繊維にする。これを粗綿機にかけるとさらに細くなり、管糸に巻かれる（連粗）。この管糸を上下のローラーの太さの違いによる速度差でさらに細かくして、よりをかける（精紡）。この糸を、用途に応じていろいろな仕上げや加工を施し、巻き上げて巻糸にする（仕上げ）。18～19ページの写真参照。

部の結成過程の現場を追ってみることにする。

六月七日に結成された彦根支部は、当初六月一〇日に結成を予定していたが、本社労組の結成が理由で監視がとくに厳しくなってきたために繰り上げることにした。前日の六月六日、通学を装って朝倉克己（のちに第四代組合長）が外出し、この件を本社闘争本部へ電話で連絡して応援要請を行った。

しかし、その電話をたまたま会社側の課長が受けたことで発覚してしまい、工場に帰った朝倉は、工場長以下の管理職たちに拘束され、吊し上げられた。だが、六月七日の午前二時前、計画通りに工場と寮から労働者たちが立ち上

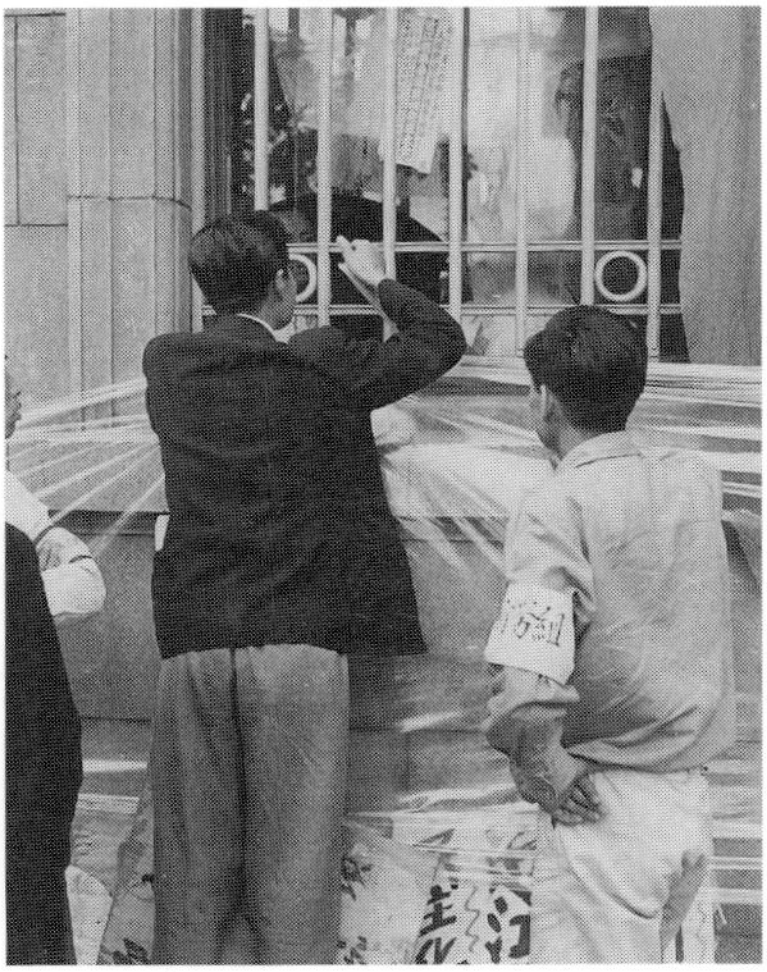

大阪本社から近江絹糸人権争議の狼煙が上がった。近江絹糸本社労組は、決起集会の翌1959年6月3日から無期限ストライキに入った。会社側は本社内に籠城して、近隣の工場からの応援を待ったが、それを阻止すべく近江絹糸労組と全繊同盟は100人を動員して徹夜で本社前にピケを張った（左）。小競り合いを続けながら会社側に呼びかける労組側。文字通り、労使唯一の窓口（右）である（提供：オーミケンシ労組）

がって事務所前の広場に殺到し、たちまち大混乱となって解放されている。
『絹と明察』では、朝倉が拘束される様子が次のように描かれている。

十時すぎに工場へかえった大槻（モデルが朝倉）は、旗などの入った風呂敷包みと十万の金を、電源をあずかる同志のもとへすぐに預けた。これが適切な処置であったことは、間もなくわかった。

彼はそれから寮へ戻《もど》り、病臥《びょうが》を装って、蒲団《ふとん》にもぐり込んだ。舎監がたちまち来て、その蒲団を剥《は》いで、声を荒げて言った。

「今ごろどこへ行ってた」

「急に腹が痛くなって、医者へ行ってたんです。工場のお医者さんが休暇をとってることは御承知の筈《はず》です」

「ばか。工場長が呼んでいるぞ。言訳があったら、そこへ行って言え」

舎監に連れられて工場長のところへ行くと、いきなり又同じことを訊《き》かれた。

「今ごろどこへ行ってた」

大槻は外出証をさし出して、自分の冷静さを喜びながら、答えた。

「医者です。急にひどく腹が痛くなったので、外出証をもらいました」

「どこの医者だ。大山内科か？」

「そうです」

「今どき御立派な医者もいたもんだな。こんな時刻に、見も知らない患者を上げてくれたのか。まだ痛いかね」

「はあ」

「そりゃ気の毒だ。じゃ俺が診《み》てやろう。服を脱ぎたまえ」

大槻は一歩退いた。この応接間に入ったときから、工場長を央《なか》にして、居並ぶ部長たちや旧組合長の顔つきに、彼は只《ただ》ならぬものを感じていたのだ。何かが、すでに気取《けど》られていた。

（中略）

二時までにはまだ三時間の余もあった。大槻はちらと目を閉じた。瞼《まぶた》の裏に白光が逆巻いていた。

「大山内科へ電話をしてみましたが、そんな患者は来なかったと言っています」

と舎監が重ねて言った。

――それからの三時間、大槻は五人の男からかわるがわる激しい詰問を受けた。そのほとんどは意味のない言葉になって頭上を通りすぎ、心はたえず午前二時の蜂起の時へ向けられていた。（前掲書、一五三～一五七ページ）

その後、全織同盟のオルグを引き入れ、同日の午前一〇時に彦根支部結成大会を開催した。約一五〇〇人の労働者が加入し、朝倉は支部長に就任した。

一方、富士宮工場では、同年四月に本社から転勤してきた寺田尚夫（一九三〇～一九九二）が秘かに本社労組結成グループと通じて、富士宮支部結成の機会をうかがっていた。しかし、六月六日、全織同盟の呼びかけに応じて労組結成準備に入っていた佐久間広美、中村忠雄、大槻正徳のリーダー三人が工場側に監禁され、佐久間を解雇、中村と大槻を配置転換させたことで労組結成は一時中断となった。

だが、工場外からの全織同盟オルグの呼びかけによって、塀を乗り越えた脱出者が相次ぐことになった。そして、六月九日、六〇人が集まった時点で富士宮支部が結成大会を開催し、寺田尚夫が初代支部長に就任した。

その後、組合員は増加したが、会社側の主導で第三組合（組合員数約一三〇〇人）が立ち上がり、他の支部に比べて富士宮支部はのちのちまで組織拡大の面で難航している。

潮目が変わったのは、七月一三日に工場の門前で起こった大乱闘事件である。会社側の搬出トラックをめぐる攻防に警察が介入して発生したものだが、そのときに宇佐美忠信（一九二五～二〇一一）らが検挙されたことも大きく影響している。

宇佐美は、高千穂経済専門学校を卒業したあと、特攻隊員としての訓練中に終戦を迎え、一九四六年に富士紡に入社して総同盟へ派遣され、同年の全織同盟結成に参加したという経歴をもつ人物である。のちに、全織同盟会長（一九七一年）、同盟会長（一九八〇年）という重職も務めている。

宇佐美は、工場前のピケ[2]解除のために動員された静岡県警の警察官数百人の介入を前にして、組合員の希望通り座り込みを続けて暴行を受け、排除された。そして、富士宮警察署に連行された宇佐美と組合員三人が留置された直後、事件を目撃した市民たちが富士宮警察署へ押しかけて窓ガラスに投石するという事件が発生した。

この事件を目撃したのが野付《のつき》利之（一九三〇〜）である。一九五〇年に近江高校を卒業後、近江絹糸に入社して彦根工場の工務部に配属され、紡績機械の設置稼働のために大垣工場に移ったあと、富士宮工場に異動してきた。会社側が主導する第三組合のメンバーであるが、人望の厚いこの野付、大乱闘事件を目撃したことがきっかけで第三組合から第二組合、つまり新組合に移る決心をした。すると、野付に同調した大量の組合員が、雪崩を打って移動したのである。少数だった組合員は、一気に第三組合と拮抗する規模となった。

のちに野付は、富士宮支部の第二代支部長となり、一九六一年に全織同盟へ移籍後、組織部オ

（2）ピケッティング。本来は非組合員、顧客、取引先などに争議を知らせて協力を求める労組の行為だが、多くの場合は、会社側が雇った労働者の就労や外部との取引を防ぐために、物理的に立ち入りを阻止する行為。

ルグ、福井県支部長、政治総務局長などを歴任し、副会長に就任している。

もう一つの工場、大垣工場の様子を見てみよう。

大阪本社や彦根工場での労組結成で警戒を強める工場側は、全繊同盟のオルグらと攻防を繰り広げていた。一九五一年に大垣工場に入社した矢冨徹彦（一九三六〜）らは、六月七日に大垣工場での決起を促すビラを受け取り、日紡大垣支部を訪ねて説明を受けることにした。

その後、大阪から支援に来た本社労組役員の木村進、平野実らと会い、大垣支部結成の準備に入った。想像以上に、企業再建闘争時は再建派を率いたリーダーという経歴をもつ矢冨の行動は素早かった。

六月一〇日の午前四時半に支部を結成する計画であったが、待ちきれない若者たちが同日の午前二時半ごろから暴れ出し、中庭に殺到したために繰り上げての決起となった。午前九時に結成大会を開催し、約一三〇〇人で大垣支部が誕生した。その直後から組合員の加入が続き、午後四時には約一六〇〇人となった。

ちなみに、六月一一日午前一〇時半、社長専用車のキャデラックが工場正門前のピケを突破して工場内に入っている。もちろん、夏川嘉久次社長の姿も確認されている。

ここで説明した三つの工場だけでなく、他の工場での支部結成も次々に進み、即時、無期限ストライキに入っている。会社側は工場閉鎖や食堂閉鎖に踏み切り、会社が雇った暴力団を投入して、各地で乱闘が発生した。

しかし、各支部の組織拡大は順調に進んだ。六月三〇日、労組は日紡労働会館で八〇人の代議員を集めて第一回臨時大会を開催し、単一本部の役員を選出したうえ、単一組合としての近江絹糸労組を結成した。

参考までに、労組役員の陣容を紹介しておこう。

組合長には渡辺三郎（本社）が就任し、書記長を木村進（本社）、副組合長として仲川衛（大垣）と保坂政一（彦根）が就任した。執行委員は以下の通りである。平野実（本社）、高村茂（本社）、西島恒雄（本社）、宇野恒雄（大垣）、小林忠男（彦根）、園原健（岸和田）、林晴子（中津川）、中村幸男（長浜）、寺田尚夫（富士宮）、田所光夫（東京）。

近江絹糸の労組本部の役員達

（上）本社前で撮影されたもので、左が新入社員達が担ぎ上げた木村進書記長。経営陣は「飼い犬に手を噛まれた」と言い放った。1955年４月には、木村が中国の北京メーデーへの参加準備中に全織同盟から諌められ、参加を辞退するという一幕もあった。（提供：UA ゼンセン）

（下）労組結成に携わった若き役員達。労組事務所前で撮影されたもので、前列左が組織部長の高村茂。（提供：UA ゼンセン）

全盛期の彦根工場

（上）1970年代に撮影された彦根工場全景。彦根駅からは徒歩15分とやや離れた所に位置していたが、琵琶湖に隣接していた。一方、大垣工場や富士宮工場は、原綿の搬入を想定して、それぞれ大垣駅前、富士宮駅前に立地した。（提供：朝倉克己氏）

（下）彦根工場の事務所棟。（提供：朝倉克己氏）

ばれてるぞ！

「おい、もうばれてるぞ」「どこから漏れたんだろう」「どうするんだ」

1954年6月7日深夜の彦根工場に緊張が走った。数日前に大阪本社で突如として労組が結成されたため、6月6日、本社が全工場へ緊急警戒命令を発し、彦根工場では正門が固く閉ざされて、誰も出入りできなくなった。会社側によるロックアウト（締め出し）である。

彦根支部結成を計画していた若者達は動転した。正門封鎖によって工場の外に出ていた仲間と分断されてしまったため、門の下の隙間に顔を突き出して相談をはじめた。いったいどうして、どこから計画が漏れたのか。同じ頃、組合結成の首魁である朝倉克己は、会社側に拘束されて身動きのとれないなか、「みんな、しっかり頼んだぞ」と胸中で叫んでいた。(提供：朝倉克己氏)

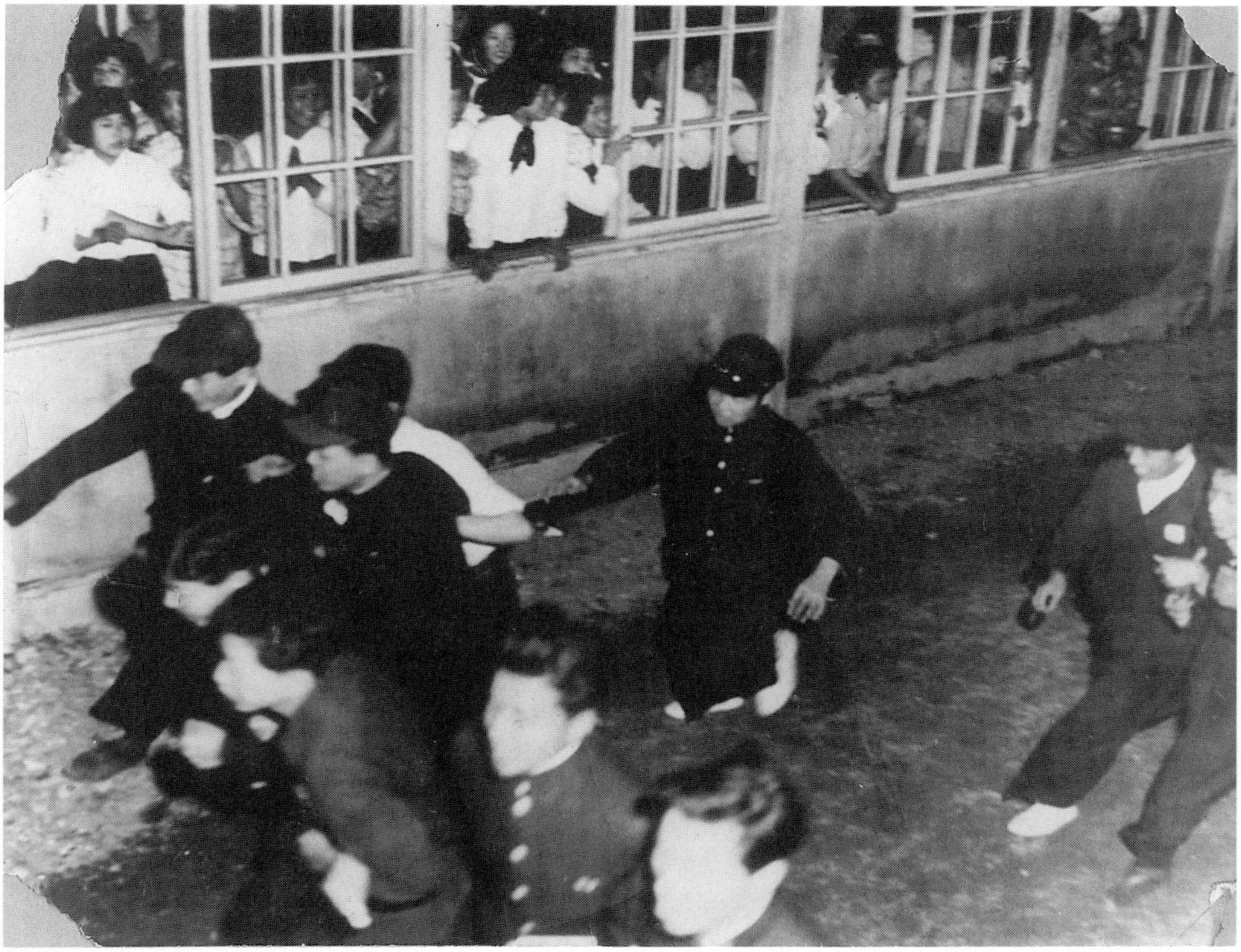

組合結成を触れ回る彦根工場の男達

「決起だ、決起だ！」

６月７日未明、工場のブレーカー切断を合図に、男性労働者達がいっせいに寮を飛び出した。舎監達との小競り合いをすりぬけながら構内を駆け抜け、寝静まる女子寮の窓に大声で呼びかける。いったい何事なの、とおびえた様子で、あるいは嬉々として顔を出した女性労働者達に、労組結成を告げ、加入を呼びかけながら、大はしゃぎで走り去った。

慌てて収拾を図ろうとする舎監達の怒声が響きわたる。さて女性達はといえば、舎監の説得に応じて部屋に戻る者、制止を振り切って男達に合流しようとする者、足がすくんで動けなくなる者など、反応は各人各様だった。（提供：朝倉克己氏）

早くもはじまったオルグ

決起翌日の早朝、そぼ降る雨の中で早速オルグがはじまった。男達の説得に応じて組合に加入し、会社と対決する決意を固めた数人の女性達が、同僚を説得しはじめたのだ。中庭に並び、「いっしょにやろう！」と呼びかける。寝ていた寮生達も騒ぎを聞きつけ起き出してきて、通路は満員状態となった。結局、女子寮のほとんど全員が組合加入を決めている。（提供：朝倉克己氏）

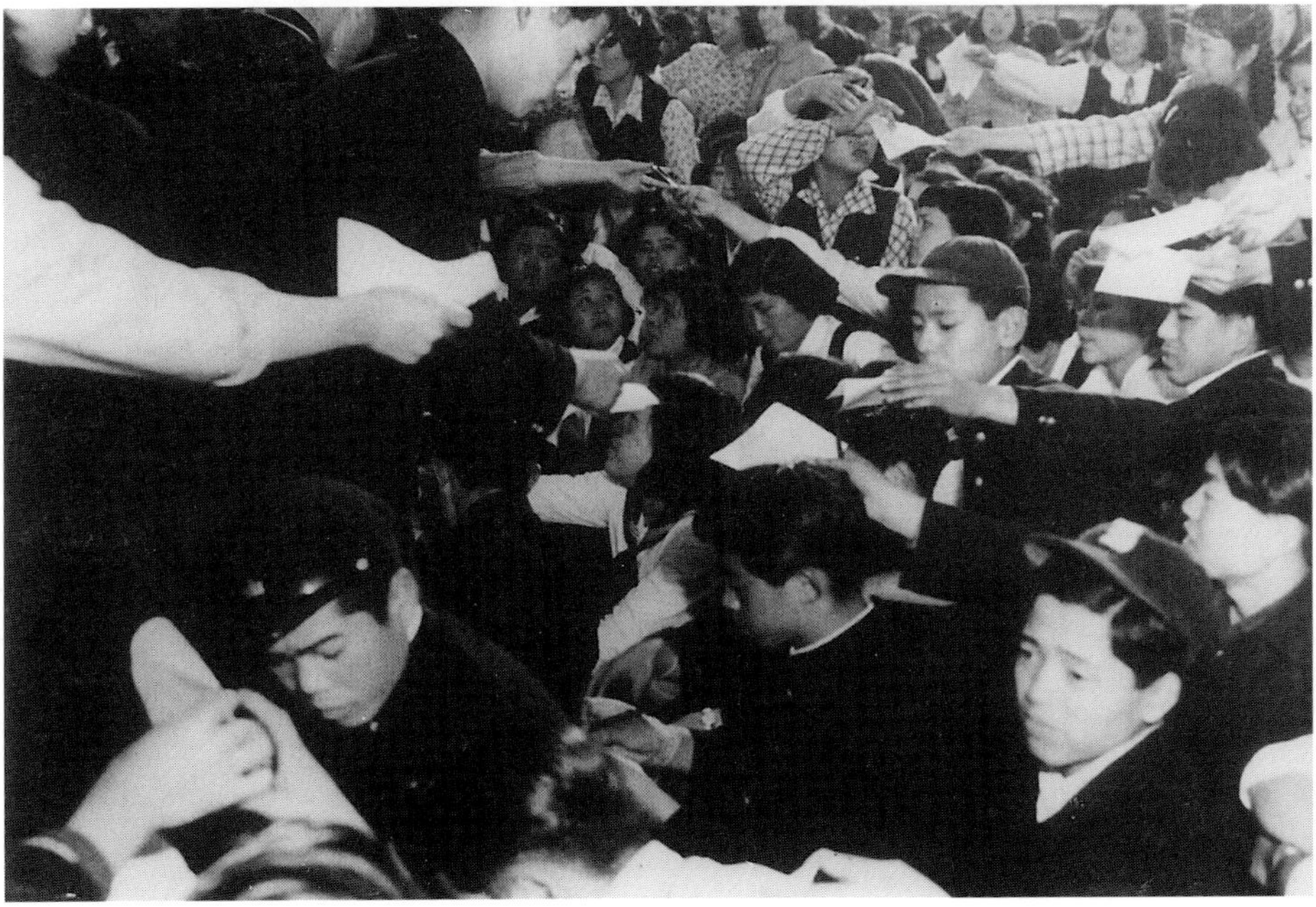

早速集会を開催

（上）早朝からの騒ぎが落ち着いたと見るや、女子寮の中庭で集会を開催。朝倉克己が急ごしらえの壇上に立ち、「ゆうべからの騒ぎは、実は我々が起こしたものなんだ」と経緯を説明する。「あんたたち何をしたのよ」「どうしてなの」と女性達が矢継ぎ早に繰り出す質問に答えていく。時計の針は午前８時少し前を指している。（提供：朝倉克己氏）

（下）集会に続いて、組合加入届の受付がはじまった。我先にと書類が差し出される。この後、10時から正式な組合結成大会が予定されていた。（提供：朝倉克己氏）

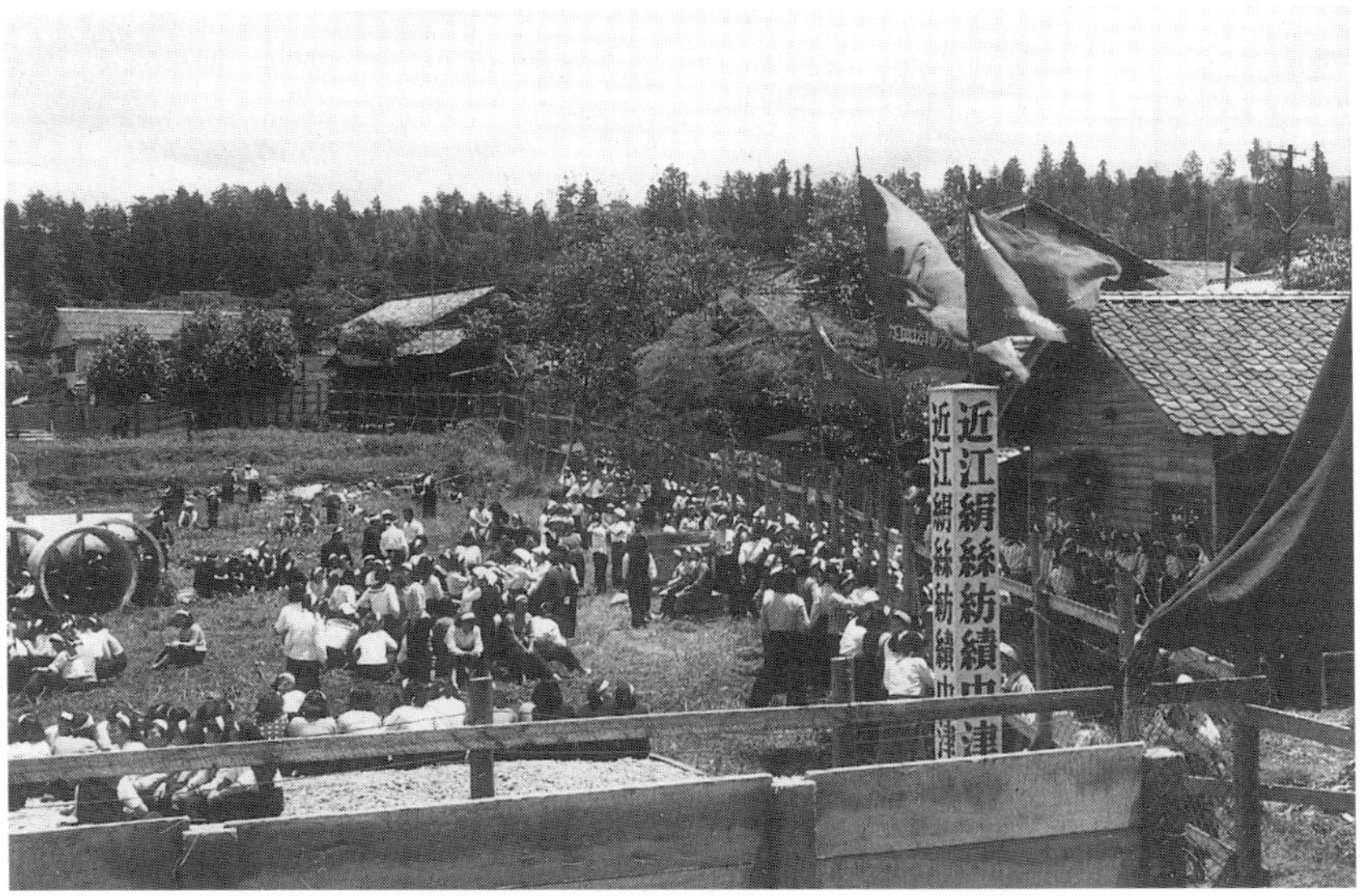

中津川工場でも労組が結成され、社長が急きょ帰国した

（上）中津川工場では５月初旬以来、労組結成の呼びかけに応じた有志達が秘かに話し合いを続けていた。寮では毎晩、明かりを消して布団の中にもぐり込み、密談を重ねた。こうしてついに６月９日朝、近江絹糸労組中津川支部が結成された。およそ700名に上る組合員達が続々と集まってくる。（提供：UA ゼンセン）

（下）６月11日、海外視察中の夏川嘉久次社長が日程を繰り上げて、羽田空港に帰国した。ワンマン社長の不在時に労組が続々と結成されるという異常事態。幹部達は何とか自力で収拾しようとするも果たせず、叱責を覚悟で呼び戻したのである。労組側は社長帰国の報を受け、容赦ない報復を予想して身構えた。その予想は……正しかった。（提供：UA ゼンセン）

第3章

争議の実像

近江絹糸人権争議の詳細を表す記録は、ほぼ彦根工場の記述に集中していると言ってよい。しかし、前章で述べた各所の結成過程が示唆する通り、同時多発的な争議であったと言える。ここでは、本社労組が結成される背景を追っていくことにする。

六月二日に決起大会を開催した近江絹糸本社労組は、翌三日に二二項目の要求を提出して会社側に団体交渉（団交）を申し入れた。

団体交渉とは、労働組合と会社側で行われる交渉のことである。これにより労働者は、経営者が一方的に決める条件ではなく、双方で決まる条件で働くことができる。また、法律によって正当な理由がない場合に会社側が拒否することは禁じられている。このときは、この交渉を会社側が拒否したため、四日から無期限スト（ストライキ）へ突入している。

ストライキについても説明をしておこう。船員が作業停止の際に船の柱を叩いたことに由来するものだが、労働組合員が働くことを停止することで会社側に損失を与える争議手段のことである。正当なストライキであれば、刑事責任や民事責任が免責される。

このストライキに対して会社側は、彦根工場と大垣工場から約一〇〇人を呼び寄せて就労を目論んだため、労組側のピケッティングと衝突し、小競り合いとなった。労組側は二四時間体制のピケを張る一方、会社側は本社内に籠城するという処置を取り、争議の火ぶたが切られた。

この直後、会社発祥の地であり、製造部門の本拠である彦根工場で労組が結成されたことで勝利への確信が芽生え、大規模争議に突入していった。先にも述べたように、近江絹糸人権争議は大阪からはじまったのである。

この争議は一〇六日に及ぶ長期となったことから、争議という語感以上の多面性をもった重層多面的争議と言える。同時多発的、かつ多面重層的な争議であったこそが、いかなる先行研究にも分析の偏りが残る大きな理由の一つ言える。

開始直後から、労使関係論のテキスト内容のような労使の各戦術が見られた。団体交渉が拒否されたことでストライキへ突入すると、会社側は事業所を閉鎖して、新組合や友誼組織の勢力を事業所外へ締め出した。つまり、ロックアウトである。言うまでもなく、労働者の集団行動や団結の場を奪うほか、労働の場を奪って打撃を与えることが目的である。

これに対して労組側は、事業所内にとどまり、会社側の勢力が侵入してこないようピケを張った。会社側は労組側を不法占拠と位置づけるため、ロックアウトをめぐる法廷闘争となった。人権争議では労働争議自体に目が向けられがちだが、実は、全体を法廷闘争と見ることができるほど、不当労働行為をめぐる争いを筆頭にして裁判所で争った。

さて、その現場だが、常に小競り合いのある緊張状態となり、均衡を破るために会社側が雇った暴力集団を進入させて乱闘となったため、暴力事件をめぐっても法廷闘争となっている。

会社側が暴力行為のため雇った人数は延べ数千人に上るが、暴力団員や土建会社労働者のほか、失業中の日雇労働者を雇った場合もあった。後者は、大阪市の天王寺公園周辺において、手配師を通して「三食たばこ（光）三箱付き、日当四五〇〇円」で集められた約四〇〇人で、近鉄上本町六丁目駅（現・上本町駅）などから各工場へ派遣されていた。

奇妙なことに、警察の立場と態度も場所によって異なったものとなった。彦根工場では、警察官が終始組合員を暴力から守っていたのに対して、富士宮工場では会社側に加担して、労組を攻める側となっていた。

会社側との攻防の合間に近江絹糸労組は、地元で積極的なデモ活動を行ったほか、争議資金調達と情報宣伝のために募金活動を重ねていった。各支部は募金担当者を決め、工場のある各市内はもちろん、彦根支部は京都市へ、大垣支部は名古屋市へというように、地元の大都市へ足繁く出向いている。

会社側の争議戦術として目を引くのは、食堂の閉鎖と家族対策を絡ませた情報宣伝である。大人数の組合員にとって、食事は生命線であった。工場外の近隣では、大量の食事が用意できない時代である。食事代が給料から天引きされているのに食事がないという状態は、飢えを通して大きな負担を強いられることになる。

各支部は、自炊活動、一時的な食堂再開、食堂業者との直接交渉によって乗り切っているが、食事を奪う会社側の行為は人権問題と受け取られ、世論から徹底的な非難が集まった。

一方、家族対策というのは、会社側が誹謗中傷や組合員の危険性を強調した偽りのハガキや手紙を故郷の保護者に送りつけるというものである（一四三～一四四ページの写真参照）。

会社側は、組合員たちの故郷の家族や有力者に、争議状態に関するデマや中傷を記した手紙を送りつけ、組合員の脱落を狙ったのだ。その手紙には、全織同盟の思想が危険なものであることや、工場内での妊娠などといった風紀の乱れが書き込まれていた。

それに対して各工場では、デマを信じて心配のあまり引き取りに来た家族たちに向けて真相を伝える説明会を開催したほか、第三組合の幹部（会社側）が各地方を回ってデマを流すことに対抗して、各支部の組合員が「出身地オルグ」として地方へ出向いて説明を続けた。

このように、家族、親族、知人などを巻き込む争議戦術が見られた点も、若者たちが主役であった近江絹糸人権争議の特徴であると言える。いずれにしろ、労使双方の情報宣伝合戦が過熱したものであったことが分かる。

この争議によって、近江絹糸各事業所の労組が割れた。外部勢力の組織化からの隠れ蓑であり、要所では新組合結成首謀者を排除するための手段であった第一組合、全繊同盟が組織化した「新組合」と呼ばれる第二組合、その第二組合に対抗するために第一組合から新編成された第三組合、それ以外にも、一部の支部では第三組合とも差別化を図る必要性から生まれた第四組合が組織されている。

特定期間だけ点滅するように存在する第一組合は、名目上の組織であって実体はない。第三組合も、結成した当初に役員を決めて、形式を整えただけの存在である。第三組合の組合員というのは、現実には、第二組合に入らない労働者の総称であった。しかし、要所で活動するなかで次第に体裁を整え、「近労連」を名乗るようにもなっている。

近労連の実体は労働者集団ではなく、経営者の親衛隊であり、最大勢力の彦根工場ではやや多数であったが、他事業所では少数派として偏在していた。

争議直後から第二組合の旺盛な組織化活動があったのは事実だが、もともと会社側に従順であることを強要され、次第に迎合を固く心に決めた労働者たちにとっては、第二組合こそが信じられない存在であった。

　民主的な組織化活動とは、自らの意思で労組を選択して加入することであり、第二組合への加入者が相次ぐという現状のなか、逆に第三組合へ戻る組合員たちの姿もあった。この点で、近江絹糸人権争議とは「オルグ合戦争議」であったとも言える。

　第三組合の寮の廊下で繰り広げられる勧誘を突破して第二組合へ加入した長浜支部のＯＧや、工場正門前で警察の暴力を見た管理職が笑顔になったことで第二組合入りを決断した富士宮支部のＯＧなど、多くの証言が残されている。その二つを紹介しておこう。

「長浜工場の従業員は、みんな一緒に団結して立ち上がるべく準備していたのです。それに気付いた会社側は、第三組合（御用組合）を結成しますから、と夜の廊下で声を大にしていましたが、遅かったのです。私たちは同調されることなく、作業着の上に寝巻を着、手に靴を持って布団にもぐったのです。六月の夜、午後七時を期して『今だ！』という男子の声に、一斉に窓から飛び出しました。みんな、人の背中を踏み台にして、次々に塀を越しました」（長浜支部・伊藤敏子さん）

「女子組合員の泣き叫ぶ声、悲鳴、警官に手取り足取りされてシャツがビリビリに裂かれてもまだ抵抗している男子、足げりにされた女子組合員が、そのはずみで前の川に落ちていくのを見たときなど、思わず私まで声を出してしまいました。横にいる管理職の一人をふと見たら、彼は笑っていたのです。私はぞっとしました。（中略）第二組合に入ろう。窓から見おろす側になるより、見おろされて闘う側になろう、と決心したのです」（富士宮支部・巨海公子さん）

また、憎いはずの経営者が徹底的に叩かれるのを直視できない若者や、組合が違って仲良しだった友達と別れたことが理由で悲しみに暮れる若者もいた。

このように労働者たちは、争議中は組織競合の渦中で激しく圧迫されていたのである。すなわち、近江絹糸人権争議とは、地方から採用され、勤労意欲に燃える未成年の若者たちを直撃し、さまざまな面で苦悩させ、未知の環境に置かれることを余儀なくさせた争議であった。

大争議の勝利の陰で見逃されやすいが、近江絹糸人権争議では、多数の若者が精神的疾病によって通院や入院をしている。工場内で対立する組合員一〇人以上が同じ一五畳の室内で起居するという、心理的な負担が原因と見られる。また、三人の自殺者も出している。そのうちの一人は、遺書に夏川嘉久次社長への抗議を残している。

さらに、この争議では、経営者が一点の迷いもなく労働者を蔑ろにするという信じ難い行動が次々に暴露されたことで国民を震撼させ、世論が近江絹糸労組に味方したという事実もある。若者たちへの同情が集まり、最後まで住民の献身的な支援や協力が見られたのだ。
そのことを表す、『絹と明察』の次のような記述を紹介しておこう。

小さな地方都市では、有力者の「精神的庇護《ひご》」やちょっとした寄附行為が大いに物を言うのだが、無用な費《つい》えがきらいな駒沢（経営者）は、市民を親戚《しんせき》同様に遠ざけていた。政治的にはまったく保守的な市民が、今度の蜂起《ほうき》を、まる赤穂浪士の討ち入りなんぞのように、こぞって支持したのである。そして市中の旅館は、ストの応援部隊と新聞記者たちで満員になり、この人たちがいよいよ町を潤《うる》おすことは明らかになった。

子供たちの間ではたちまちスト遊びがはやり、人望のある子はヒーローの大槻の役をとり、きらわれ者の子は悪役の駒沢の役を演じた。ましてこの町の大学生は昂奮《こうふん》し、すぐさま新組合の応援を決議したが、これは決して親の反対に会わない稀《まれ》な政治運動と云えたであろう。
（前掲書、一七八～一七九ページ）

彦根工場での乱闘

社長の帰国後、即座に会社側の反撃がはじまった。争議開始から数日のうちに、会社側が雇った男達が、正門前に集まった組合員を鉄パイプで襲撃するという事件が起きた。（提供：朝倉克己氏）

乱闘になり、全繊同盟滋賀県支部長が骨折し、組合員と支援に駆けつけた他労組の組合員もいきり立った。争議開始と同時、会社側が正門前にバリケード代わりに止めてあったトラックに大勢が飛びつき、邪魔だとばかりひっくり返した。（提供：朝倉克己氏）

海員組合の面々がバリケードをどかしにかかる。大型クリッパーで有刺鉄線を切断して、あっという間に撤去した。
この頼もしい海の猛者達、仲間うちで空手が流行していたということもあって、乱闘でも桁外れに強かった。会社の雇った暴徒達も彼らにはとうていかなわず、体も自信もへし折られ、けが人が続出した。（提供：朝倉克己氏）

争議開始直後の富士宮工場前

富士宮工場前でも、バリケード代わりのトラックが正門をふさいでいた。新組合を支援するために集まった争議団が車上によじ登り、組合旗を振って気勢を上げる。この直後、邪魔なトラックはひっくり返された。有名無実だった旧組合のメンバー達も姿を現し、正門の内側で急ごしらえの白い旗を負けじと振りまくった。争議開始直後は、どこの工場でも同じような光景が見られた。（提供：オーミケンシ労組）

市民が激励に訪れた

争議開始直後の1954年６月10日、彦根支部が中庭で集会を開いていると、大勢の市民が塀をよじ登ってきて、口々に激励の言葉をかけてくれた。初めはその大声に驚いた女性組合員も、たちまち笑顔に変わった。市民が味方であることを実感した貴重な瞬間である。（提供：朝倉克己氏）

仮の料理番

（上）会社側が食堂の使用を禁止した。そこで、食糧庫から食材を運び出し、女達が交代で料理番を務めることになった。実家でしていた家事手伝いが、工場で初めて役に立った。調理場は男子寮の廊下にあった。（提供：朝倉克己氏）

（下）「米だけ渡されたって、一体どうすりゃいいんだ」と当惑していた男達も、女達の用意した食事を見るなり手を叩いて喜び、むさぼるように食べはじめる。品数や味なんか気にしている暇はない。腹に入れば何でもよかった。（提供：朝倉克己氏）

富士宮支部の食事風景。本社から遠いせいか、当初、富士宮工場では食堂の使用制限が緩かった。ハチマキをしたまま食卓につく女達の笑顔がはじけている。（提供：UA ゼンセン）

ピケを張れ！（工場編）
富士宮工場の正門前。争議前は、「ピケを張る」ことになるなど、誰も予想していなかった。全繊同盟の指導よろしく10列に並び、スクラムを組み、労働歌をうたう。
隣同士でおしゃべりする者、ほほえむ者、真剣な顔つきの者、深刻そうな表情で指示を待つ者……労働運動に無縁だった若者達が様々な表情を見せた。支援にかけつけた市民の腕に抱かれた赤ん坊も、どこか神妙な顔つきだ。（提供：UA ゼンセン）

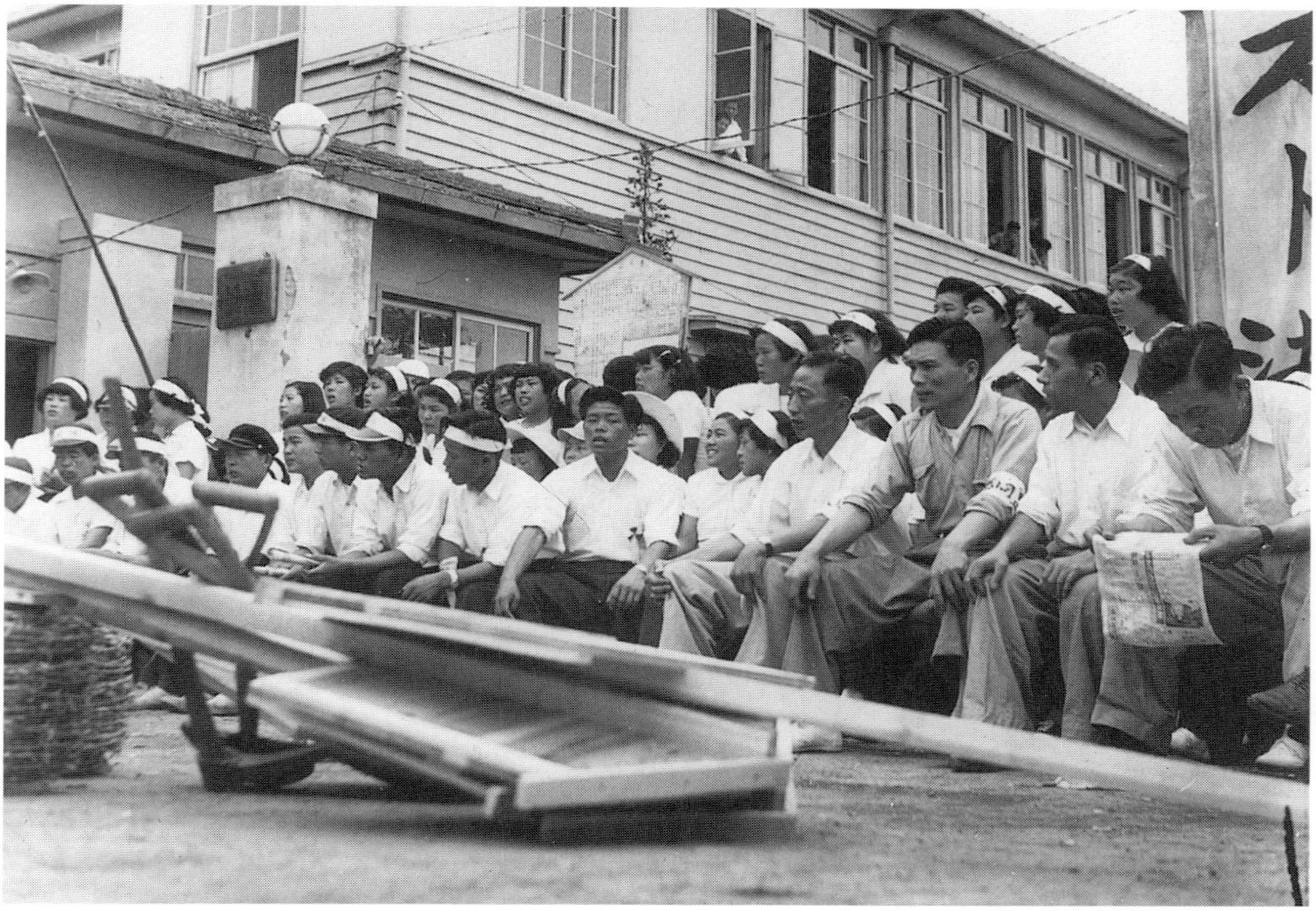

彦根工場でのピケの様子。前方の組合員が座るスタイル。一番右、新聞を読む男性をはじめとして、友誼労組も加わっている。（提供：UA ゼンセン）

津工場のピケでは、搬出のために来たトラックの進入を阻止した。
組合員達が口々に「帰れ！」と叫ぶ。（提供：UA ゼンセン）

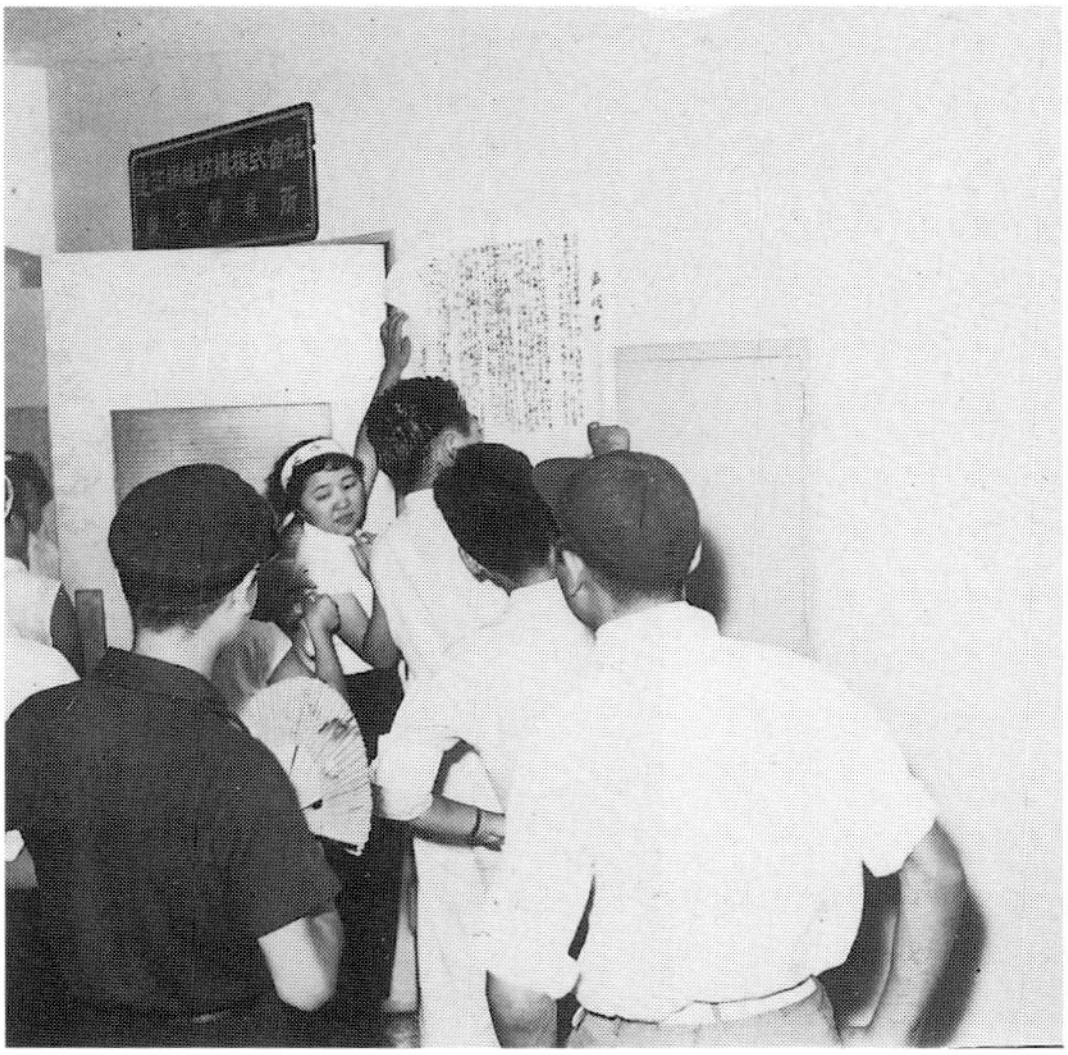

ピケを張れ！（営業所編）

東京支部では、８月中旬以降の第２次スト体制下でピケを敢行した。

（上）組合員16人に富士宮支部からの応援45人が加わり、24時間体制で２列でスクラムを組んで、労働歌をうたう。営業所だって、ストに入ればピケを張る。（提供：UA ゼンセン）

（下）入り口付近に声明文を貼る組合員達。営業所は工場と違って従業員数が少ないため、会社側と個別で緊密な関係が築かれやすい。見落とされがちだが、ゆえに労使の板挟みはかえって過酷となる。この争議中に３名の自殺者が出てしまうのだが、うち２人が東京支部の役員だった。ちなみに、会社側の支配力が他と比べて強かったのが津工場である。全織同盟が派遣したオルグの延べ人数が最も多く、労働者の説得に苦心した。（提供：UA ゼンセン）

規律を維持しよう！

彦根工場でのラジオ体操の風景。争議開始以来、あれほど忙しく回転していた工場が休眠状態に入った。争議はいつ終わるか分からない、だから規律を失わないようにしよう、ということで、ラジオ体操だけは再開されることになった。

全員が中庭に集合し、同僚が壇上に立って指揮を執る。終業後、部署ごとにいつもやっていたが、壇上に立つのは上司だった。争議前はあり得なかった光景に、みなしばらくは不思議な気分だった。（提供：朝倉克己氏）

垣根を越えて

（上）津工場第二組合のメンバーが、塀の外から内側にいる若者達に「一緒にひどい会社と闘おう！」と新組合への加入を懸命に訴える。（提供：オーミケンシ労組）

（中）しばらくすると、一人、また一人と塀を乗り越えて外へ出てきた。第二組合側はどっと沸き、拍手で迎える。組織の力は着実に伸びていっている。（提供：UA ゼンセン）

（下）彦根支部にて。中央で両脇から腕をとられているのが朝倉克己支部長。どこかへ連行されるかのようだが、実は事務員達の労組加入をみなに告知して喜び合っているところ。
こうして組合員達の間を行進することで、工員以外の仲間が増えた喜びを分かち合い、さらなる組織拡大を鼓舞した。この後、新組合員達が壇上に立って挨拶をした。（提供：朝倉克己氏）

争議下における富士宮支部の日常

（上）ミシンかけ・アイロンかけに勤しむ女性組合員達。これも争議中の風景の一つ。本書掲載の写真で、争議で籠城中にもかかわらず労働者達の服装が清潔に保たれているのにお気づきだろうか。裏にはこうした女達の努力があった。

薄暗い廊下の隅の部屋で、必勝ハチマキをしめたまま、丁寧に衣服を繕い、アイロンをかける。ミシンやアイロンを使う男性もいたが、それは女の仕事と考える者が多かった。（提供：UAゼンセン）

（中）洗濯物でいっぱいの寮の物干し場。竿に衣服をかける女達の足だけが見える。（提供：UAゼンセン）

（下）富士宮支部のリーダー２人。左が初代支部長寺田尚夫で、右は書記の巨海公子。

寺田は人権争議中、工場正門前の民家に下宿して闘い抜いた。争議後の役員選挙で野付利之が２代目支部長に選出されると、書記長となって野付を支えた。

のちに巨海は、労組本部専従書記として大阪に赴いた。（提供：巨海公子氏）

寝床

彦根支部が市内デモ行進を実施した６月13日の夜。争議がはじまって以来ピケ続き・寝不足続きだったところへ、デモまで強行したのだからもはや限界。泥のように眠るとはこのことか。

支部内では、昼夜を問わず「眠れる時に眠っておけ」という合意があった。争議が緊迫すればまた徹夜が続く、今宵ばかりは白河夜船。（提供：オーミケンシ労組）

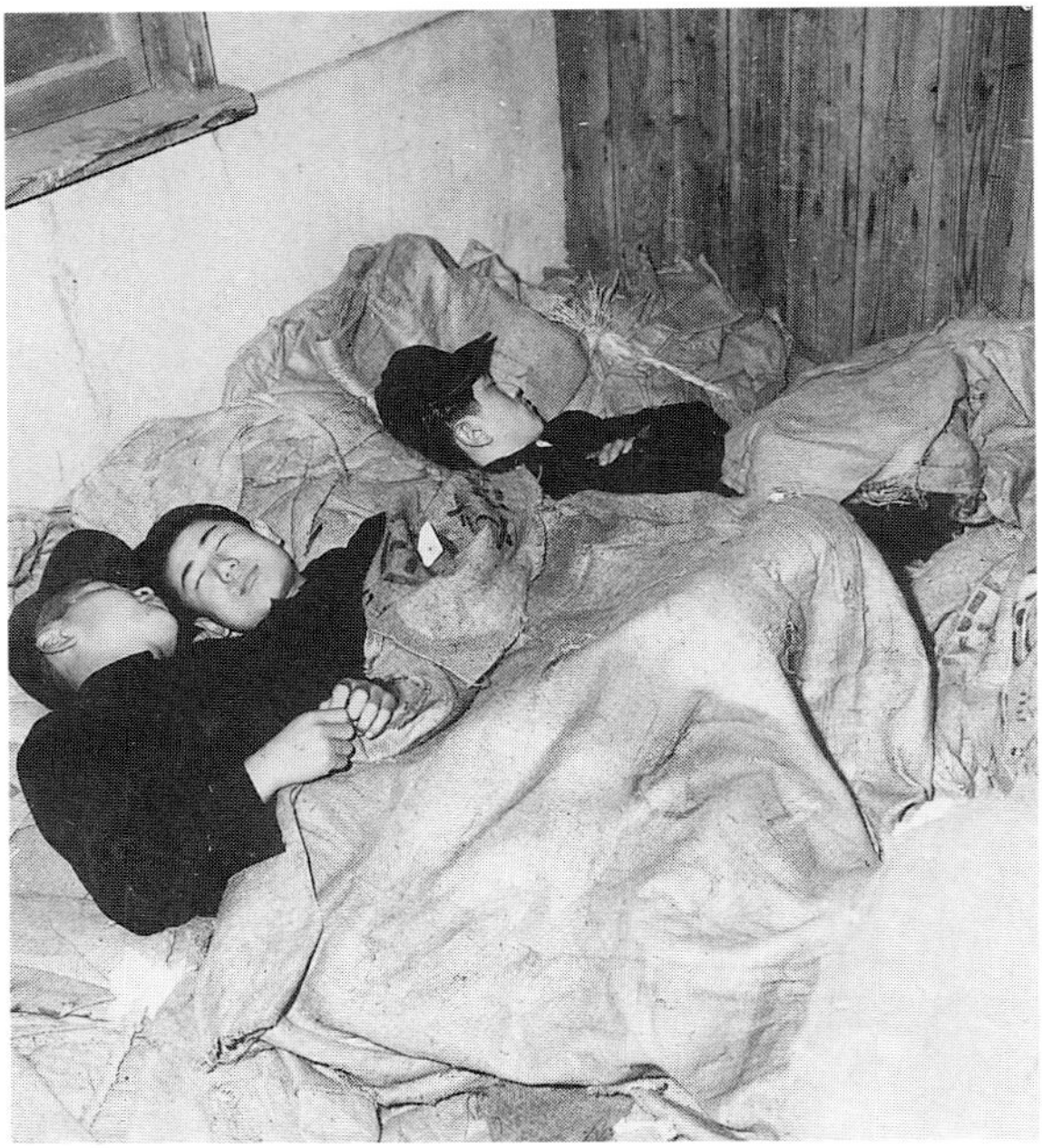

こちらは争議開始後の中津川支部の寮の一室。事ははじまったばかりとて、寝床はもぬけの殻。裸電球、万年布団、将棋盤出しっぱなし、争議同様荒れ模様の部屋。
映画『唄しぐれ おしどり若衆』（1954年公開）のポスターが目を引く。（提供：UA ゼンセン）

憎っくき社長をデモと言論で撃つ

1954年7月に入ると、夏川嘉久次社長の非道な経営手法への非難が激しくなっていった。

（上）津支部では、仮装と鳴り物で社長への抗議デモを行った。「夏川家先祖之霊」と記された幟を掲げ、トランペットやトロンボーンを吹き鳴らしつつ練り歩く。後方には、「$」と書かれた銭袋の仮装が見える。（提供：UAゼンセン）

（下）7月4日、夏川社長の訪問を控えた岸和田支部では、怒りと痛烈な皮肉に満ちた「歓迎看板」が門前に用意された。墓碑に見立てた大きな板には「法名 釋畜生餓鬼死至」、「俗名 那津川蚊喰児（なつかわかくじ）」とある。（提供：オーミケンシ労組）

御用組合は社長の親衛隊

（左の２枚）第一組合は、役員人事があるというだけで、普段は何もしない「雲」のような存在だった。それが唐突に大会を開催した（彦根工場）。第二組合への加入者が続々と増えていくのに対抗すべく、鳴り物を持ち出して虚勢を張り、夏川社長への忠誠心をアピールしはじめた。まさに御用組合、社長の親衛隊である。（提供：UAゼンセン・上、朝倉克己氏・下）

「ピケ破り」に備えよ！

（下）「おそらくピケを破ろうとして誰か侵入してくるはずだ」と予測して訓練するが、やっているうちに運動会のような気分になって思わず笑いが弾ける。

予測は的中し、後日、数人の男が警備の手薄な場所から塀を乗り越えて侵入してきた。だが、訓練が功を奏す。

女達も勇敢だった。シャツを破られ半裸にされながら侵入者に体当たりし、棒で突きまくった。駆けつけた朝倉支部長が思わず「それ以上追ったらいかん、戻って来い」と諌めたほどであった。（提供：朝倉克己氏）

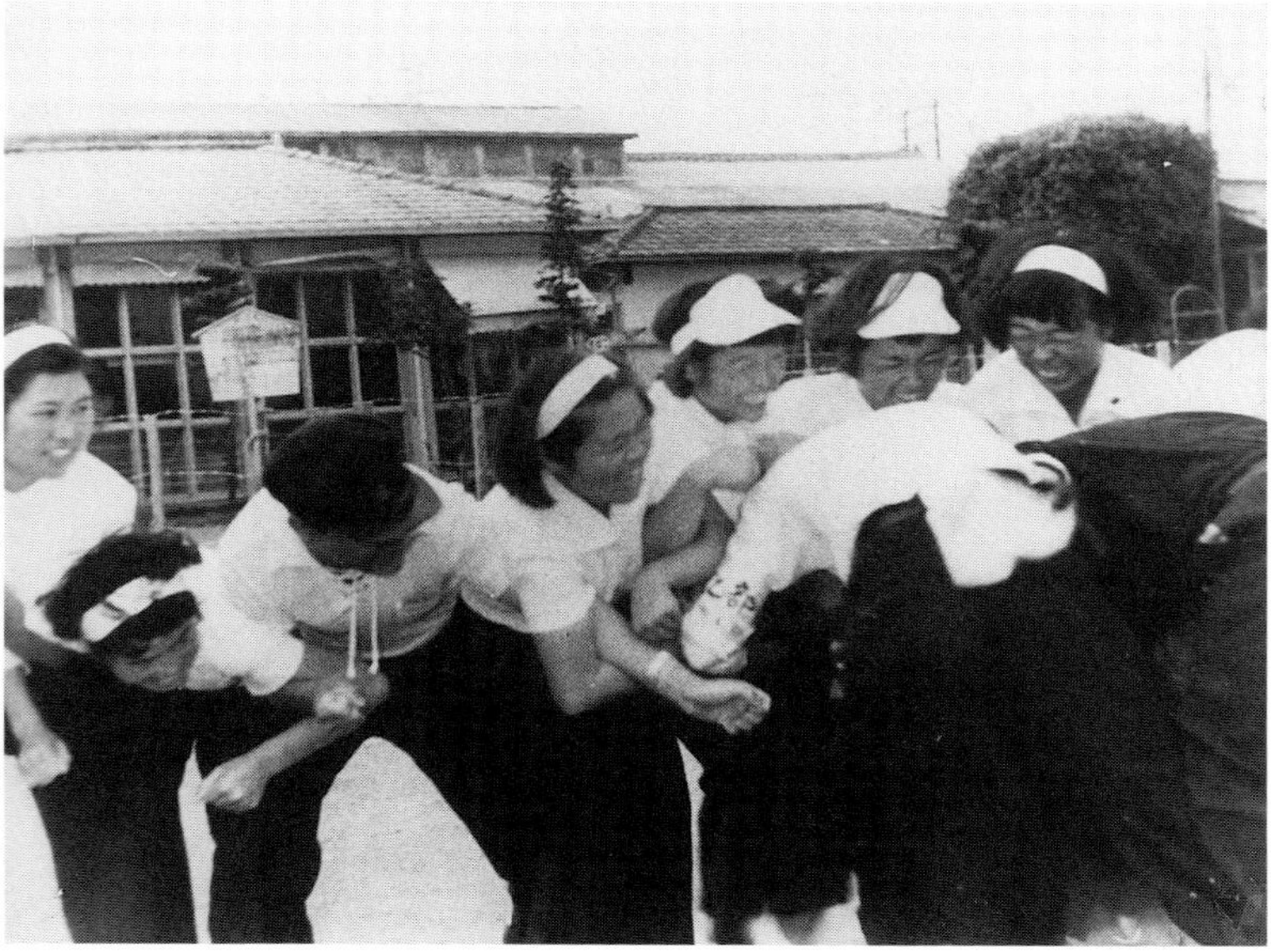

暴力団襲来

「北海道の暴力団が彦根工場に向かっている」という情報を滋賀県警がキャッチした。列車の到着時間が特定できたところで、直ちに彦根警察署員が工場に動員され、警戒態勢をとった。集まった警官達は組合員達に向かって、「君達は決して手を出すな」「工場には入れないから安心しろ」と請け合う。ただならぬ事態に新聞記者達も集まってきた。

これは、言うまでもなく会社側の差し金である。このように争議の要所要所で暴力団が各工場に差し向けられ、大暴れをした。会社側がこうした暴挙に出るのには、組合員に暴力の恐怖を植えつけて抑え込むという思惑もあったが、同時に、ピケを破って出荷を強行するという実利的な目的もあった。（提供：朝倉克己氏）

乱闘だ！

津工場にも暴力団が差し向けられ、ついに乱闘がはじまった。

（上）投石の応戦が続いた後、暴漢達と直接衝突。会社側は恥も外聞もなく、暴力で争議そのものを押しつぶそうとした。（提供：オーミケンシ労組）

（下）乱闘後の風景。嵐の後の何とも言えない静けさに包まれた構内。そこここに集まって話し合う組合員達。旗の左３人目の男は乱闘で負傷したらしく、頭に包帯を巻いている。（提供：UA ゼンセン）

今度は警官隊と乱闘だ！

（上）富士宮工場の正門近くにて。警察署のジープに先導され、出荷用トラックが列をなして近づいてくる。路上に出てきてその様子を不安げに見守る組合員達。警察が会社側の出荷を手助けするというのか。不穏な気配に、新聞記者や市民も集まってきた。（提供：UA ゼンセン）

（下）出荷強行を身を挺して阻止しようと、組合員達が人壁を作った。だが、警官隊500人による容赦ない弾圧に遭い、女性も含め30数名の負傷者が出た。先頭で指揮を執る全織同盟の宇佐美忠信ら３名は、公務執行妨害容疑で検挙され拘留された。すると、この不当弾圧を目撃した約1,000人の市民が組合側に加勢。富士宮警察署に急行して取り囲み、投石で窓ガラス約300枚を割って、ジープをひっくり返した。（提供：オーミケンシ労組）

涙の握り飯

６月13日、市中デモへ出かけようとしてた彦根支部に、鐘紡労組から大量の握り飯の差し入れが届いた。同志達からの友情の証に「ワッ！」と歓声が沸いた。今日は何も口にできないだろうと思っていた女性組合員、少し涙が混じったこの塩味を一生忘れない。（提供：UA ゼンセン）

いざ、街へ！

（上）彦根支部による市中デモ。支援の握り飯にこぼした涙を拭いて、勇気を奮い立たせて大通りを行進すれば、市民が拍手で迎えた。（提供：朝倉克己氏）

（下）東京支部による市中デモ。この時期、各支部が続々と市中デモを企画し、地元の他労組の合流も受け入れながら、近江絹糸の労働者の惨状を住民にアピールしていった。まさに、同時多発的争議であった。（提供：UAゼンセン）

市民集会

1954年７月18日、宇佐美忠信が釈放されたのを機に、富士宮工場の正門付近で集会を開き、市民に争議の経過を報告した。

若者達に同情を寄せる市民達が続々と集まり、耳を傾けた。多くの人が会社のやり方に憤慨し、毎日のようにお握りやパンを差し入れるなどして応援してくれた。画面右上の庇に看板のかかった家が、支部長の寺田尚夫が寝泊まりさせてもらっていた民家である。（提供：朝倉克己氏）

8月のデモ風景
争議から2か月以上経過した8月末には、市中でのデモも堂々と自信に満ちたものになっていた。大阪支部の仲間と合流した岸和田市内のデモ。（提供：オーミケンシ労組）

本部役員は大忙し
1954年8月、富士宮工場を訪れた本部労組の平野実（右端）。争議中、労組本部役員は目まぐるしく各支部を巡回した。通信手段が未整備だった当時、人間が動くしかなかった。（提供：巨海公子氏）

同じ頃、中津川支部では、提灯行列を模して楽しさも織り込んだデモを実施した。はつらつとした笑顔も見え、普段のデモより活気と華が感じられる。（提供：オーミケンシ労組）

圧死事件の三回忌となる慰霊祭

1951年、彦根工場の仏間で開催された映画会で火災が発生し、23名の女性労働者が逃げまどう群衆に押しつぶされて命を落とした。この圧死事件をきっかけに、全繊同盟が最終決戦のオルグをしかけた。そして、ようやく結成された労組の仲間達の手で3回忌の慰霊祭を開いた。

祭壇前に進み出る朝倉克己支部長。（提供：UA ゼンセン）

（上）祭壇の前に集合する組合員達。見知らぬ先輩達の死に何を思う。（提供：UA ゼンセン）

（下）急ごしらえだが、心を込めて作られた祭壇。位牌には「殉職者之遺霊」の文字が見える。（提供：朝倉克己氏）

若者達の素顔

争議開始から２か月、本部と支部、各支部間の交流も次第に活発になってきた。本部労組から派遣されて大垣支部を訪問した若者達。

最前列一番左が、女性労働者をモデルに彫像「歩み」を制作した山口克昭氏（195ページの写真参照）。（提供：UA ゼンセン）

STEEL
募金箱

街頭での募金・署名活動で市民の協力を募る

（右ページ）彦根支部が京都まで出てきて募金活動。幼さの残る少女もれっきとした第二組合員。真剣なまなざしに「争議はお金がかかるので、どうかご支援を」の思いが滲む。胸には新組合のシンボルマーク。横でメガホンを握るのは、支援に駆けつけた全織同盟京都府支部の役員達。全織マンだけでなく、当時は下駄履きが普通だった。（提供：朝倉克己氏）

（上）大阪支部による市内での募金活動。（提供：UA ゼンセン）

（下）東京出張もやった。活動資金集めと宣伝の一挙両得作戦。（提供：UA ゼンセン）

富士宮支部による署名活動。多くの支部が、募金と並行して署名活動も行った。富士宮駅北口前で、住民が簡易な台に新聞紙を敷き署名するのを見つめる組合員達。
当時は駅前通りに大きな鳥居（太い柱が鳥居の一部）があったが、後に撤去された。（提供：朝倉克己氏）

彦根支部がロックアウトされた！

大津地裁が、会社側の主張を認めてロックアウト命令の仮処分を出してしまった。ちょうど視察と激励に訪れていた矢尾喜三郎が、ロックアウト執行の公示を見つめている。

矢尾は、近江絹糸労組各支部役員達が参考人招致された第19回国会の衆議院労働委員会（1954年7月31日）では、視察した近江絹糸長浜工場の老朽性を危険視する発言を行った。奇しくも矢尾は、戦前、長浜工場の前身企業での工場争議にも関わっていた。（提供：UA ゼンセン）

彦根支部のロックアウトの瞬間

（上）早速、執行官が強制執行のために作業員を引き連れて彦根工場に来た。まず杭打ち作業をはじめようとしたところを組合員や支援者達が取り囲む。「そんなところに打つな！」と怒号が飛ぶ。裁判所命令で強制力があることはみな分かっているから、小競り合いにまでは至らないものの、執行官（画面中央）は予想外の反応にうろたえ、必死で収拾を図ろうとした。（提供：朝倉克己氏）

（下）結局、ロックアウトが執行されてしまった。柵の外にいる女性組合員は無邪気に手を振る。これまで報道陣からカメラを向けられた経験などないから、笑うしかない。しかし、これで工場内の移動が大きく制限され、労組にとって非常に不利な状況となってしまった。（提供：朝倉克己氏）

高裁でロックアウト解除！

地裁の仮処分が大阪高裁で覆り、彦根支部でのロックアウトの解除が決まった。

1954年７月20日、再び地裁から執行官たちがやって来て、ゆっくりと杭や柵の撤去作業をはじめる。焦れた男性組合員達がたまらず手を出し、「もういいよ、俺達でやるよ」と、勝手に柵の撤去をはじめる。朝倉支部長（手前左端）と西田八郎（その左上の人物）が止めても誰も聞かない。見守る女性組合員の笑い声が響く。（提供：朝倉克己氏）

飯を食わせろ！

（上）中津川支部でのハンガーストライキ。休戦と第2次あっせんに沿ってスト解除して就労再開を求める労組に対して、会社側が拒否したため就労闘争へ。

就労と食堂再開はセットなので、ハンストに入った。工場長などにも「飯を抜いてみろ」と要求する戦術で、早く食堂を再開しろと団体交渉で迫った。いわゆる「飯食わせろ団交」である。（提供：オーミケンシ労組）

（下）長浜支部。操業ストップした工場内の団交では、工場長を取り囲んで攻めまくった。（提供：UA ゼンセン）

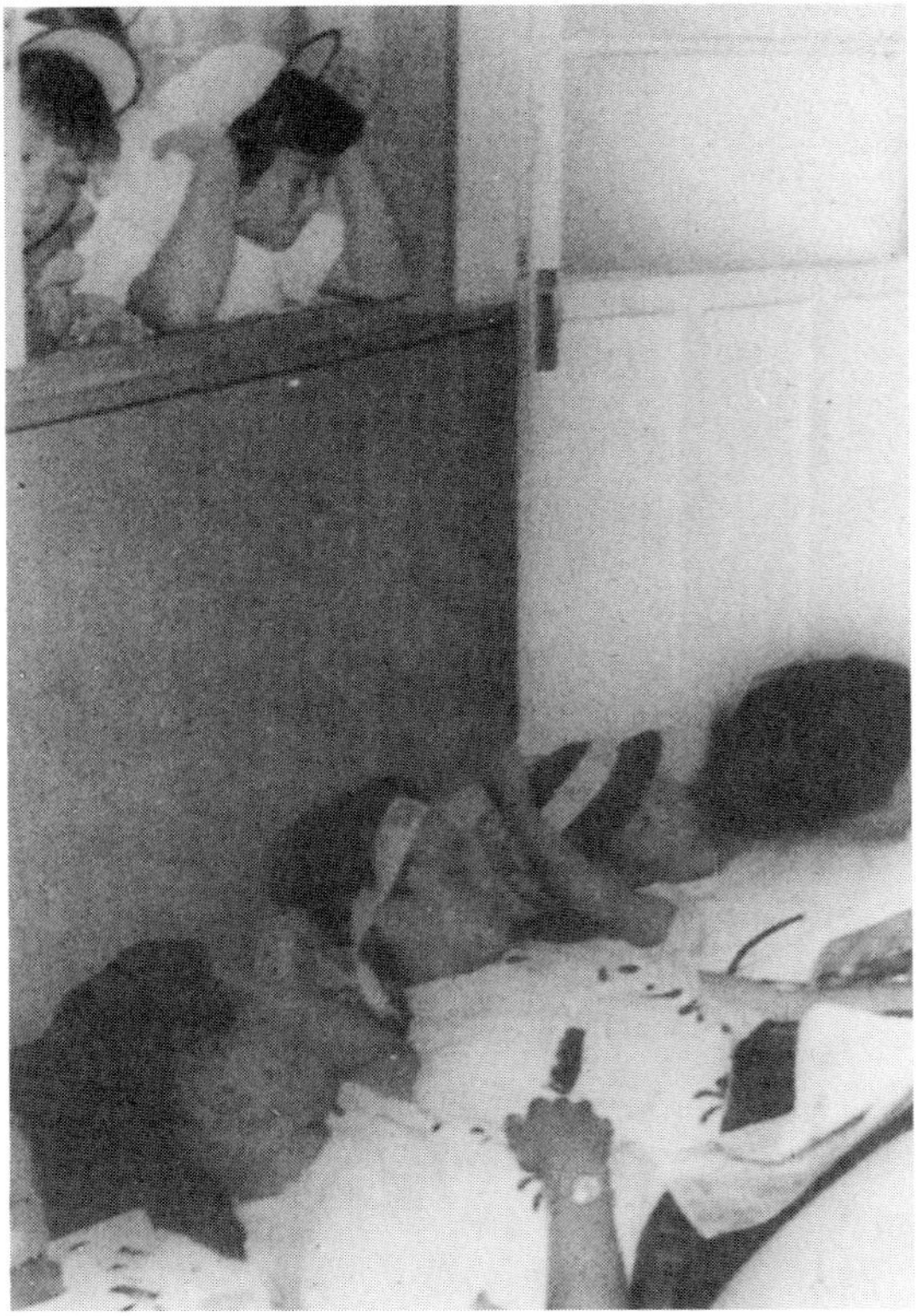

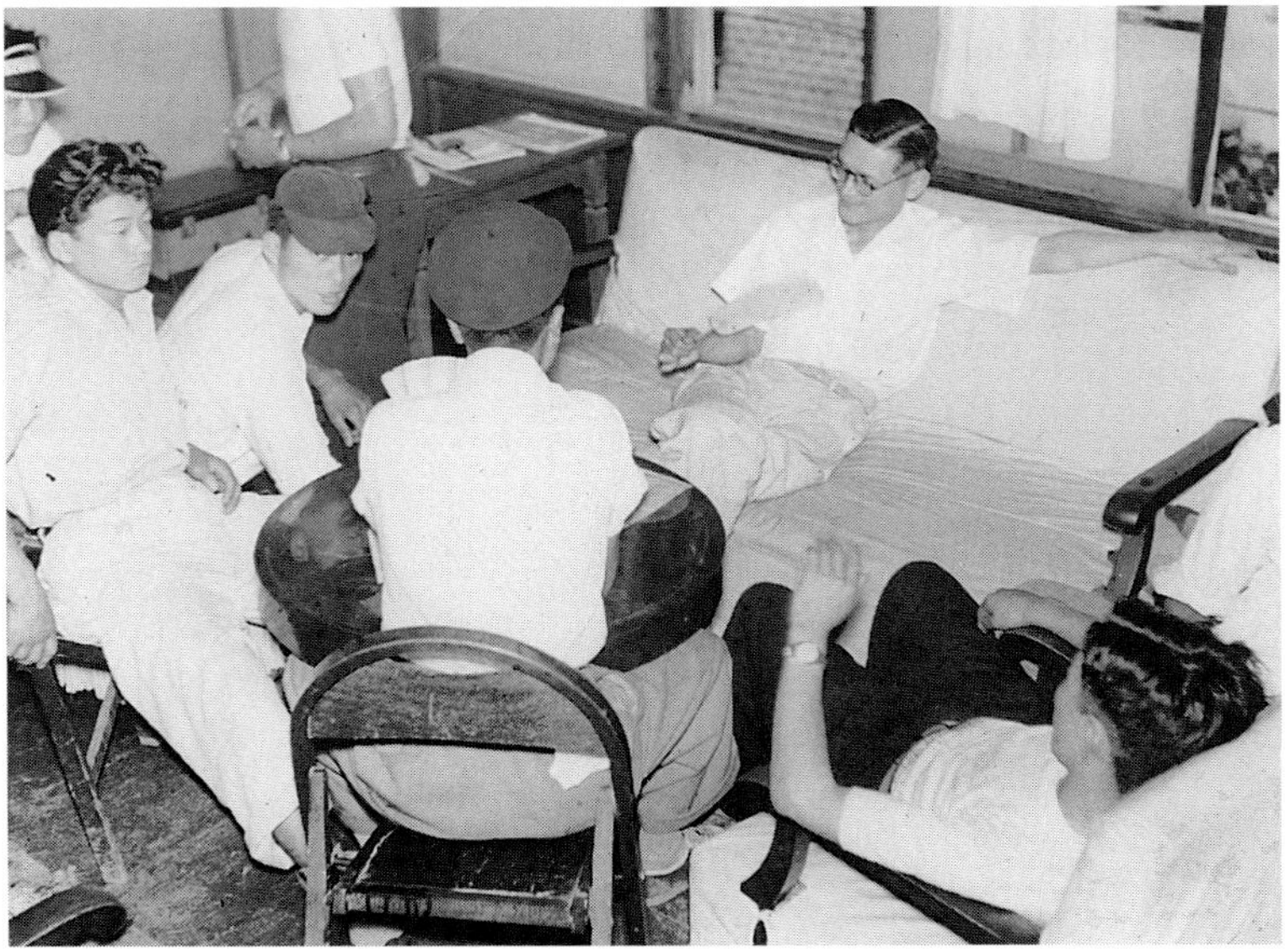

第4章

争議終わる

激しい闘いを貫く労組側に対して、夏川嘉久次社長はまったく折れなかった。会社側があらゆる手段を使って徹底抗戦をしたため、争議は泥沼化した。よく、「近江絹糸人権争議一〇六日のたたかい」と呼ばれるのは、これが理由である。

三か月を超えた一九五四年九月一六日、中央労働委員会のあっせん案を労使が受諾し、協定書に調印したことで争議は近江絹糸労組の勝利に終わった。

中央労働委員会というのは、不当労働行為事件の審査と、あっせん、調停、仲裁による労働争議の調整を行う行政委員会である。労・使・公益の三者の委員によって構成されており、都道府県の地方労働委員会（地労委）と全国を管轄する中央労働委員会（中労委）がある。ちなみに、近江絹糸争議中の中労委の会長は中山伊知郎（一八九八〜一九八〇）が務めていた。

この協定書によって、会社側は全織同盟に加盟する近江絹糸労組を認めたうえ、下記のことを取り決めた。

・労働協約を締結すること。これは、団体交渉の結果、労使間で決めた内容を文書にしたもので、一般に労使関係の安定維持と、組合員の生活の維持改善を目的としている。書面で作成し、当事者である労使代表者が署名押印した場合に効力がある。
・労組が要求した項目について、具体的な改善措置をとること。
・一九五五年三月末日までに、複数の労組を円満に統合すること。
・ユニオン・ショップ協定を締結すること。
・社会的水準に従った労務管理方式へ刷新すること。
・一年契約者の雇用期間の延長を協議すること。
・争議を理由とした不利益処分を行わないこと。
・有罪者を除いて解雇を撤回すること。
・工場閉鎖を行わないこと。
・会社は、近江絹糸労組へ五〇〇〇万円、全織同盟へ五〇〇〇万円を支払うこと。

・近江絹糸労組は、給食費用として一五〇〇万円を会社に支払うこと。
・調印の翌日より操業と給食を開始し、組合員は就労すること。

このなかにある「一年契約者」とは、工場の二四時間操業を支える「ふくろう労働」と呼ばれる深夜労働専門の男性労働者のことである。フクロウの夜行性に由来する言葉だが、その多くは通常の男子労働者よりも年長で、他社での就労経験者も含まれていた。その背景には、「労働基準法」によって女性労働者の深夜労働が禁止されていたこともある。

すなわち近江絹糸は、二四時間の稼働を実現するために、男性労働者を一年契約で雇い、深夜という時間帯専用として働かせていたのだ。つまり、形式上の無期雇用者と、文字通りの有期雇用者を併用していたことになる。

さて、この中労委のあっせん案は第三次となるもので、泥沼化した争議を解決するため、最大の山場における最後の期待でもあった。二度のあっせん案をもってしても、労使には解決の兆しがまったく見えないまま激しく争っていたのである。

このため近江絹糸労組は、長期闘争体制の確立を目指しつつも、解決の糸口を探しながら各地で真相発表会を開催したり、労働省、通産省、人権擁護局、国会、首相官邸などへの陳情を続けた。とりわけ、東京にもっとも近い富士宮支部の組合員たちは、情報宣伝活動や一連の陳情で活躍した。たとえば、積極的にマスコミ各社の論説委員や記者団を招いて、工場や寮の視察を促したのだ。このように、争議の実態を国民に伝える努力を続けたことで、賛同を得ていた世論が揺らぐことはなかった。

労組の陳情先は大株主である銀行にまで及び、六月中旬になると、まず労働大臣が調停に乗り出して、財界代表の勧業銀行の頭取、三菱銀行の頭取、同和鉱業の副社長という三人にあっせんを依頼している。

これによって夏川嘉久次社長の態度は軟化したが、それもつかの間で、ピケを解くことに固執して再び強気の姿勢に戻り、この財界あっせん案を蹴っている。そのため、七月中旬に労働大臣は中労委へ調停を依頼したわけである。

七月二六日、中労委は労使双方へ五日間の争議休止を行い、休戦期間は労組がピケを解き、会社が物資搬入をやめて労使代表者会談を開くことを提示した。当初、夏川嘉久次社長が無条件で受諾したため、解決が期待されることになった。

休戦の期間中、近江絹糸労組の各支部では久しぶりに身体と精神を休めるとともに、機を見るに敏な女性組合員たちのアイデアで、盆踊りや運動会などが開催されている。各地で催されたこれらの行事は、不謹慎であるか否かではなく、長期争議の渦中にいる組合員たちの心情や、現場で毎日の争議を指導する難しさという現実を物語っているように思える（第４章の写真も参照）。

しかし、七月二九日の予備会談で早くも労使が対立し、夏川嘉久次社長が全織同盟の排除に固執したほか、最後は会談を欠席した。このため中労委は、争議休止二日間を追加して個別交渉に入り、あっせん案を提示した。

この第一次あっせん案は、要求に対する具体的な解決や一年契約者の待遇改善に触れられておらず、御用組合を否定していないなど不満足な内容であったため、全織同盟会長の滝田実が中労委へ抗議しているが変更されることはなかった。

近江絹糸労組は失望し、全織同盟も内部で受諾拒否論が湧きあがった。だが、最終的には、激論の末、世間の解決要請や組織面および資金面の危惧などを勘案した滝田実が中労委会長を呼び、再びあっせん案の疑問点について釘を刺したのち、苦渋の受諾決断に踏み切った。

しかし、このあっせん案による協定書の調印直後に行われた団交で、就労日時などが理由で紛糾し、会社側は以後の団交を拒否することになった。これを受けて労組は、再度闘争体制の確立を急ぐことになった。八月七日、就労を見通して早朝の闘争体制解除を指令した近江絹糸労組と全織同盟は、同じ日に闘争体制の確立を指令することとなった。人権争議が就労闘争に切り替わった瞬間である。

労組側は、不誠実団交を続ける会社側に見切りをつけて団交を打ち切り、ＩＬＯ[1]提訴を含む国際的な視野による争議戦術に切り替えた。この情勢を打開すべく、また一日も早い就労実現を優先する中労委は、八月一一日、労使個別に折衝したあとに、就労開始、給食開始、組合員への立ち上がり資金支給などを骨子とする第二次あっせん案を提示した。

第一次あっせん案を苦渋の末に受け入れた労組側は、新潟で開催されていた全織同盟の定期大会において判断することにした。ところが、会社側が突然、本部書記長の木村進、副組合長の仲川衛を含む労組役員九人を不法侵入の名目で解雇した。そして、それを皮切りに、大垣支部でも解雇したほか、彦根工場をロックアウトした。また、中津川支部、長浜支部、岸和田支部では、食堂閉鎖対策のハンガーストライキをめぐって組合員が危険な事態に陥った。

ハンガーストライキ（ハンスト）とは、断食によって餓死する状況を理由とすることで、主張や要求を通すストライキのことである。一切の飲食を断つのではなく、限定的なものもあった。近江絹糸労組の場合は、食堂閉鎖に抗議したから、文字通りハンストとなった。

とくに、中津川支部でのハンストは七七時間に及んだ。一九五四年八月九日、就労闘争の最中、中津川市民が差し入れたパンで朝食をとったあと、食堂閉鎖に対抗するため、一〇人の男性組合員が事務所入り口に設営されたねぐらでハンストに突入した。

一〇人が徐々に寝たきりとなり、医者の処置を受けながらも継続した。だが、八月一三日、第二次あっせん案の拒否が決まって争議再開が宣言されると、ハンスト中止の指令が出され、組合による給食管理に戻っている。

他方で労組側は、全労、全繊同盟からの資金援助の決定とカンパ[2]の強化を図るとともに、友誼国会議員を総動員して支援体制を強固にしていた。七月末、第一九回国会衆議院労働委員会において、三日間にわたって近江絹糸労組の各支部代表者が参考人証言席に立っている。

最後に、労働委員会は、近江絹糸に関する事実調査に基づいて基本的人権の侵害、「労働組合法」および「労働基準法」違反が認められ、厳重な処置と監督を求め、速やかな争議解決について決議した。

そして八月一九日、日本紡績協会に近江絹糸の除名と原綿割当停止を申し入れたあと、近江絹糸糾弾地方大会を全国の十数か所で大規模開催して、合計六万人を集めるなどデモ活動に邁進した。また、国内外の友誼団体を通じて、近江絹糸製品のボイコットも要請している。

争議中に労働組合が組織力や宣伝力を動員して、会社側の製品やサービスを阻止する不買行動を起こすことをボイコットと言うわけだが、直接の争議対象である会社だけでなく、取引先など第三者にも及ぶ場合もあった。

（1）（International Labour Organization）一九一九年に設立された国際労働機関。国連の専門機関で、各国労働者の労働条件や生活を改善させるための国際労働基準を設定している。本部はスイスのジュネーブに置かれ、東京都渋谷区の国連大学本部ビル八階にＩＬＯ駐日事務所がある。

（2）もともと運動や活動を促し、特定の目的を組織的に達成する活動や他者にそれを促すキャンペーンを指していた。次第に、そのために寄付を募ることが強調され、資金集めの意味で使われるようになった。

その結果、たとえば海員組合[3]が製品輸出の船積みを拒否している。また、総評加盟労組も、会社側の輸送活動や生徒の就職阻止などを行って協力した。

全繊同盟は、人権争議中、総評系労組を排除したとされているが、争議現場に入る共闘は拒絶しながらも、第二次あっせん案拒否後には、カンパを含めて間接的な支援を受け入れていた。さらに、国際自由労連、国際繊維労組同盟、英国繊維工場労働者組合、英国労働党議員ら海外勢の支援者たちが続々と来日し、巨額のカンパを行っている。

これらの争議戦術で会社側は大きな損害を負い、夏川嘉久次社長の強気な姿勢がようやく崩れはじめた。九月四日、なんと、会社側が中労委へあっせんを依頼したのである。

九月八日、この動きを得て全繊同盟は中労委へあっせん申請を行い、三度目のあっせん案へと駒を進めた。そして九月一二日、第三次あっせん案が提示され、翌一三日には、全繊同盟が緊急中央執行委員会で労組の勝利であることを確認して受諾を決定した。

その夜、近江絹糸労組も中央執行委員会で受諾を決定して、九月一四日以降は各支部への説明と意思確認に入った。九月一六日、全支部受諾報告を受けた全繊同盟は中労委へ受諾回答を行った。同日、あっせん案協定書に滝田実、渡辺三郎、夏川嘉久次の三者が調印し、労組の勝利解決となった。当然のごとく各支部は、翌一七日の操業再開に向けて就労準備に入った。

『絹と明察』では「二度目の斡旋案」としているが、このときのことが次のように描かれている。

それから一ヶ月のちに、駒沢がとうとう屈して、中労委の二度目の斡旋案を呑んだのには、別段、この朝の何らかの影響があったとは思われない。

銀行の圧力がかかって、無理強《じ》いに駒沢にそれを呑ませたのであるが、こうして銀行がわざわざ乗り出して、組合側に有利な解決を計ったわけは、大銀行にまで波及しかねないいくつかの地方銀行ストの火を鎮《しず》めるために、大銀行と社会党右派が取引をしたのである。

会社側も組合側も疲れ切っていたが、組合側は大勝利を博したので、疲れも忘れた。いよいよ争議が終ったその晩は、組合大会をひらいたのち、かつての忌《いま》わしい私物検査のための所持品申告カードを湖畔に堆《うずたか》く積んで焼き、湖に映る焔《ほのお》を囲んで、労働歌を歌ったり万歳を叫んだりしながら夜を徹した。（後略）（前掲書、二六三ページ）

さすが三島由紀夫、と賛辞を送りたくなる。まるで見てきたかのような表現であるし、このときの光景が映像として頭に浮かんでくる。ひょっとしたら、この通りであったのかもしれない。

（3）正式名称は全日本海員組合。戦前の海員労働運動の経験を受け継ぎ、戦後はあらゆる船員が個人加盟する産業別組合として一九四五年に結成された。同じ全労会議盟友の全繊同盟が指導する近江絹糸争議へ協力支援を惜しまなかった。

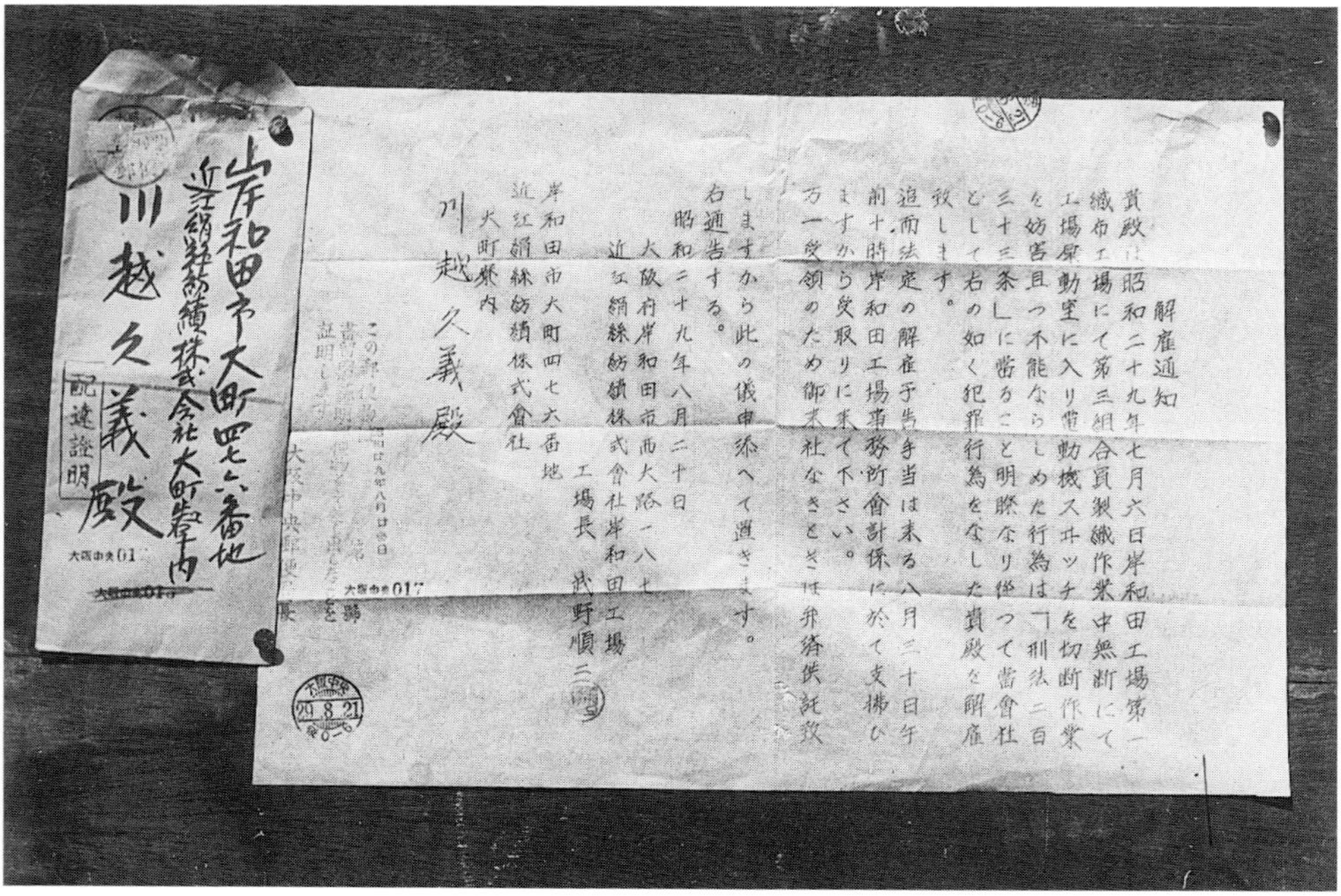

解雇通知

貴殿は昭和二十九年七月六日岸和田工場第一織布工場にて第三組合員製織作業中無断にて工場原動室に入り電動機スヰッチを切断作業を妨害且つ不能ならしめた行為は「刑法二百三十三条」に當ることと明瞭なり従って當會社として右の如く犯罪行為をなした貴殿を解雇致します。

追而法定の解雇予告手当は来る八月二十日午前十時岸和田工場事務所會計係に於て支拂ひますから受取りに来て下さい。

万一受領のため御来社なきときは弁済供託致しますから此の儀申添へて置きます。

右通告する。

昭和二十九年八月二十日

大阪府岸和田市西大路一八七
近江絹絲紡績株式會社岸和田工場
工場長　武野順二

岸和田市大町四七六番地
近江絹絲紡績株式會社
大町寮内
川越久義殿

解雇通知

岸和田支部の組合員に対して、1954年８月20日に工場長名で出された解雇通知書。会社側は争議前には見せしめのために解雇を繰り返していたが、争議中も言いがかりとしか思えない不当な理由で解雇通知を出し続けた。

11日労組本部幹部を含む９名、19日大阪支部22名、22日富士宮支部１名、名古屋支部１名、長浜支部３名、彦根支部７名、岸和田支部10名、大垣支部19名、中津川支部10名、23日津支部17名など、８月いっぱい大量解雇の嵐が吹き荒れた。

だが、近江絹糸労組は冷静に一つ一つすべて拒絶していった。会社側には解雇撤回の団交を要求しながら、各地地労委へ不当労働行為で訴えていった。（提供：オーミケンシ労組）

夏の思い出——休戦協定中のひととき

（上）争議開始からおよそ１か月が経過した７月、彦根支部では女性組合員のアイデアで七夕まつりを催した。争議に明け暮れる毎日、気持ちの余裕をなくしては視野も狭くなる。今日は気持ちを切り替えて楽しもう……とはいえ、依然籠城中の身、組合のシンボルマーク入りのシャツとハチマキ、組合旗はそのままに、笑顔のなかにも緊張が残る。（提供：朝倉克己氏）

（下）７月末、休戦協定中に岸和田支部では運動会が開催された。久しぶりに全力疾走する。（提供：オーミケンシ労組）

（上）同じく岸和田支部の運動会。パン喰い競走にみんなが燃えた。よく見ると、ぶらさがっているのはパンではなくトマトだ。上手にほおばる左端の女子の隣では、大口を開けて挑むもおでこに命中。（提供：オーミケンシ労組）

（下）競技終了後は浴衣に着替えて盆踊り大会。ピケや乱闘など極限状態をくぐり抜けてきた若者達が、久方ぶりの平和なお楽しみタイムを満喫した。翌日からはまた争議の日々が続くことを承知のうえで、今宵は楽の音に身を任せた。（提供：オーミケンシ労組）

津支部は仮装盆踊り大会を実施した。
（上）みな奇天烈な仮装をしていながら、いたって真面目に踊るところに妙味がある。初めは出身県別に分かれて、それぞれ工夫を凝らした姿で踊りまくった。（提供：UAゼンセン）

（下）県別の枠を解いて全員で踊る。（提供：UAゼンセン）

津工場支部の仮装盆踊り大会での１枚。宮崎県代表「高千穂会」のメンバーが記念撮影。（提供：UA ゼンセン）

富士宮支部ではフォークダンス大会が開催された。セーラー服、会社制服、私服、スニーカー、下駄、革靴と、様々な装いの女性組合員が躍動した。（提供：オーミケンシ労組）

（上） 8月の猛暑のなか、四日市にある倉庫へピケに出向いた岸和田支部の組合員。昼の休憩時間、パンをかじりながら仲よく談笑。（提供：オーミケンシ労組）

（下） あまりの暑さに、帰路の途中で海に寄る。水着を持っていないから海水浴はできないが、ズボンをまくって裸足で磯遊び。争議の合間、ほんのひとときの安らぎである。（提供：オーミケンシ労組）

（上）こちらは本格的に海水浴。８月、大阪湾・二色浜へ出かけた岸和田支部のメンバー。レジャーはおろか、工場の外へ出る機会もほとんどないから、今日の日を思いきり満喫する。水着姿の若さが弾ける。（提供：オーミケンシ労組）

（中）富士宮支部でも「休戦中のいまのうちに行こうよ！」と、清水市の袖師海岸へ繰り出した。（提供：巨海公子氏）

（下）仲良し２人組は浜辺でも一緒。（提供：巨海公子氏）

参考人の証言

1954年７月28日、29日、31日の３日間にわたって衆議院労働委員会が開かれ、各支部から派遣された代表参考人が順に証言した。(提供：UA ゼンセン)

下の写真は、大垣支部の代表として証言する内田秀雄。(提供：UA ゼンセン)

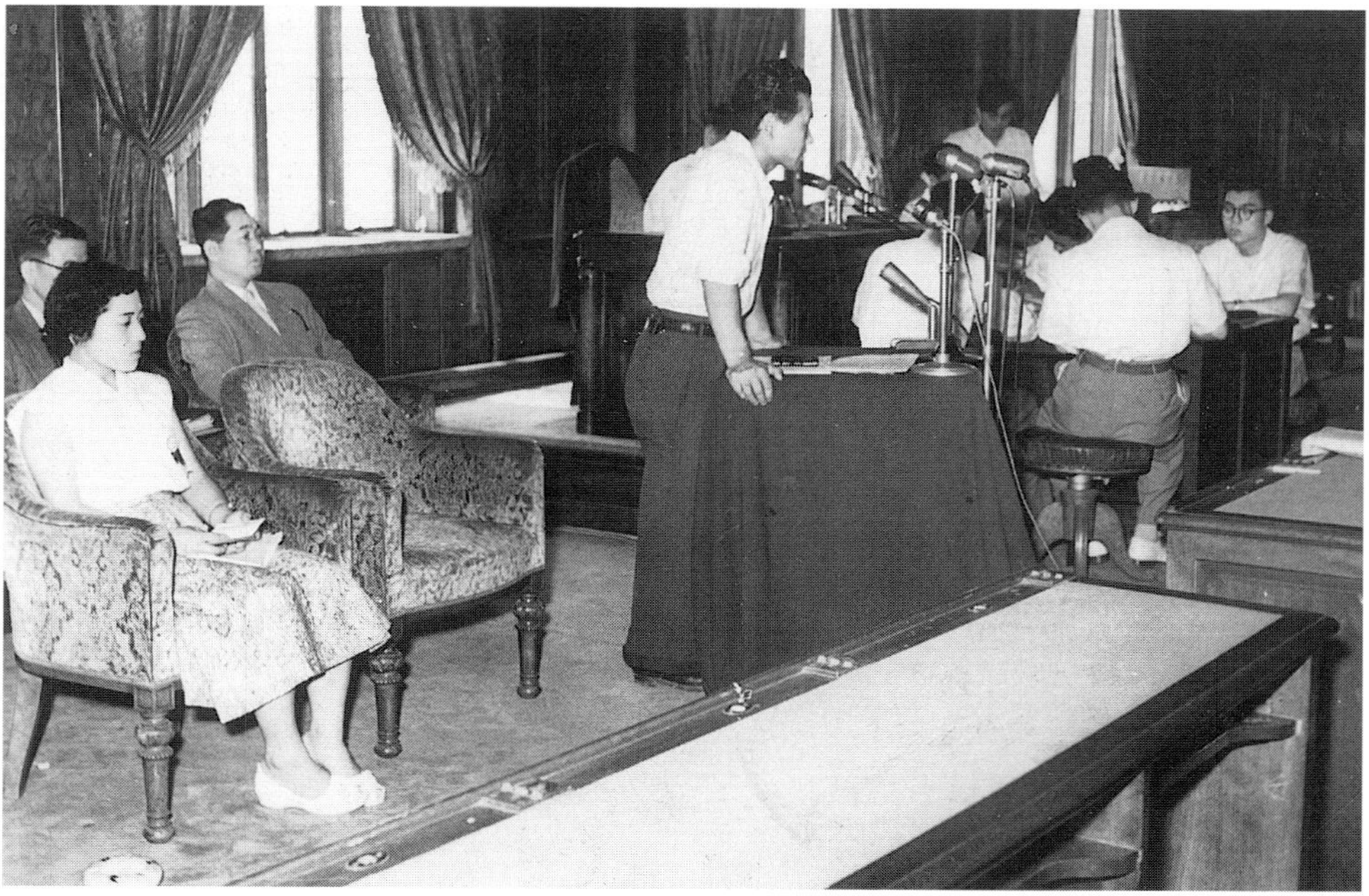

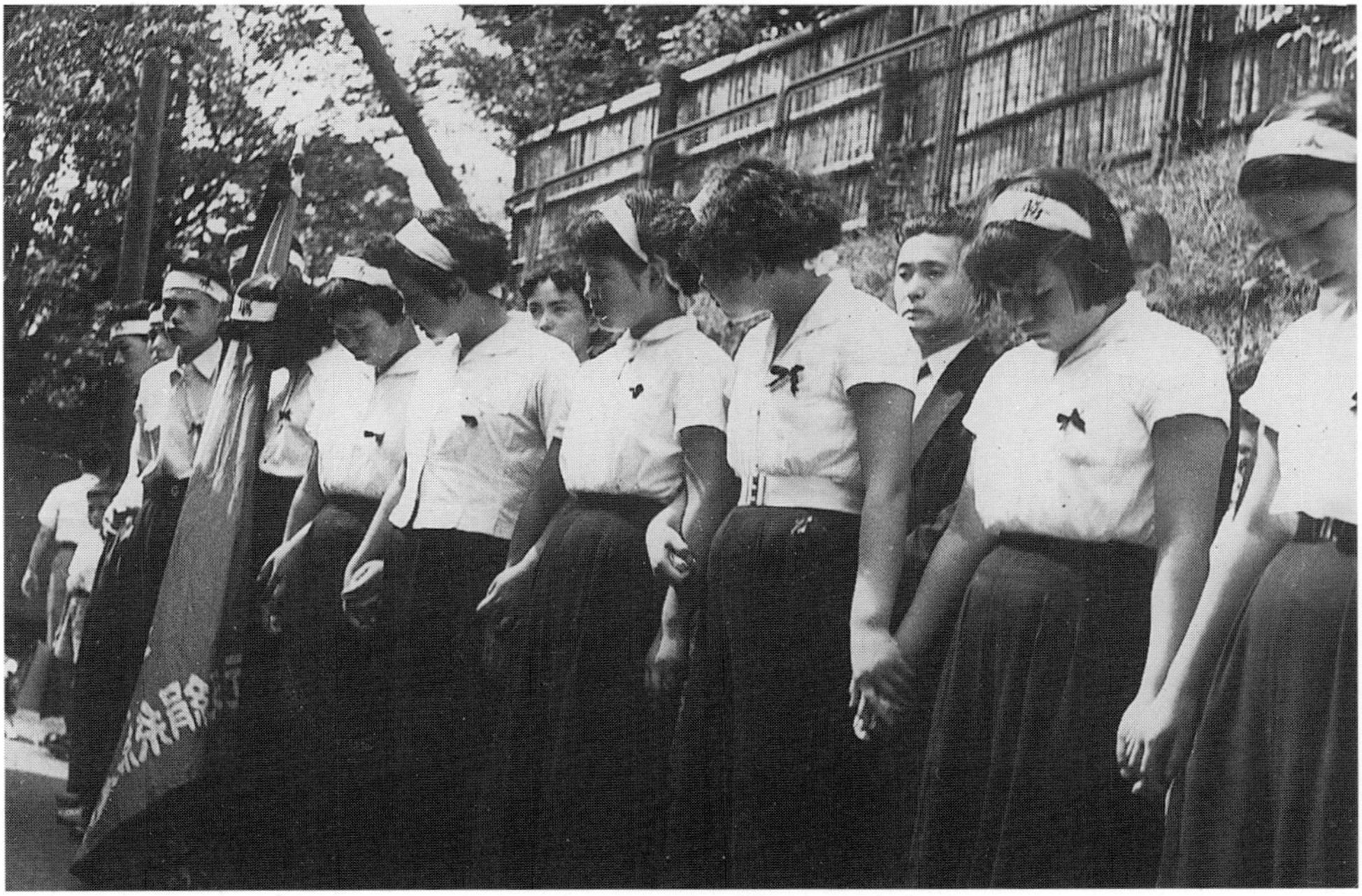

大切な仲間の死

近江絹糸人権争議中、３名の自死犠牲者を出し、組合員達は３度の葬儀に参列した。最後の犠牲者、東京支部副支部長の川又きみは寮で服薬自殺を図った。人望あるリーダーで、つい先日、東京支部代表参考人として衆議院労働委員会で快活に意見を述べたばかりだった。

仲間の衝撃は想像を超える。東京支部長田所光男宛ての遺書には、「夏川一族を倒すまでがんばって下さい」とあった。工場とは違って小規模な営業所では、労使双方とも人数は少なく、結びつきが強い。いったん対立するとかえってむき出しの感情が噴き出し、そのはざまで個人が押しつぶされてしまうことが少なくない。

上の写真は、９月８日、東京・五反田の池田寮で営まれた川又きみの葬儀において、無言でうつむく女性組合員達。胸に黒リボンを着けて弔う。（提供：UA ゼンセン）

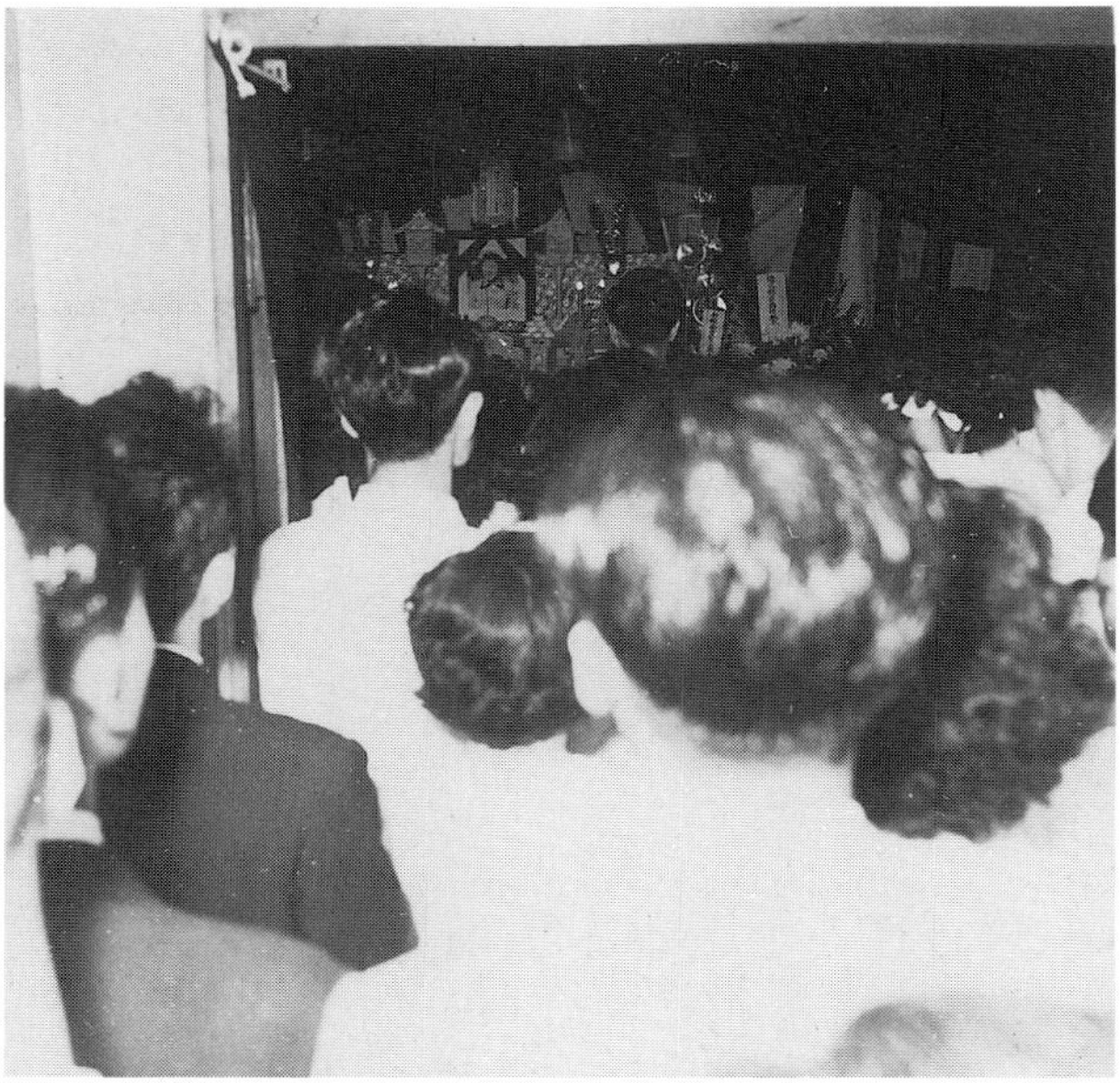

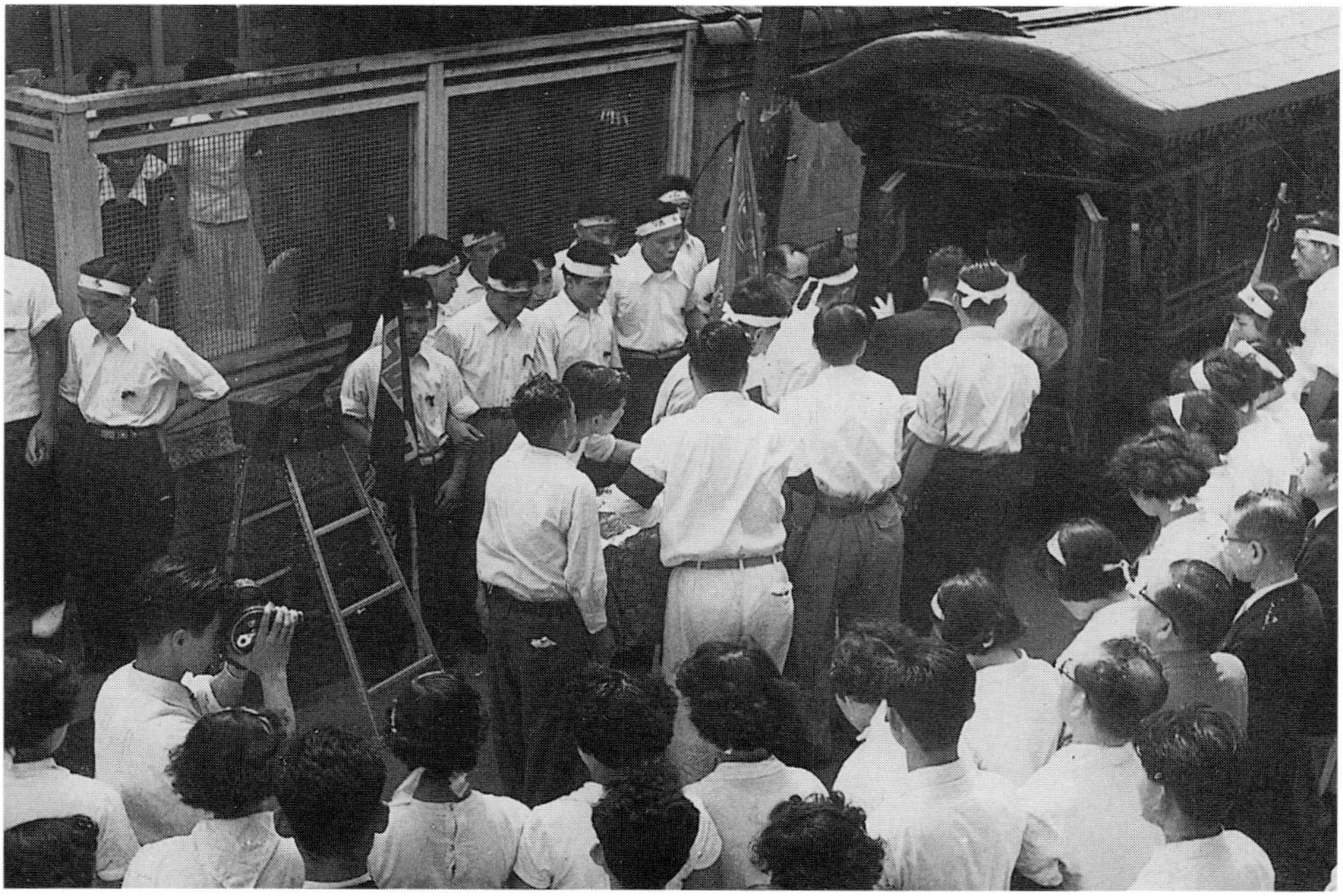

（上）霊前に組合員が続々と集まってくる。あと１週間で争議が解決するというところまで来ていたというのに……無念の別れ。（提供：UA ゼンセン）

（下）出棺の時が来た。仲間達が手ずから送り出す。（提供：UA ゼンセン）

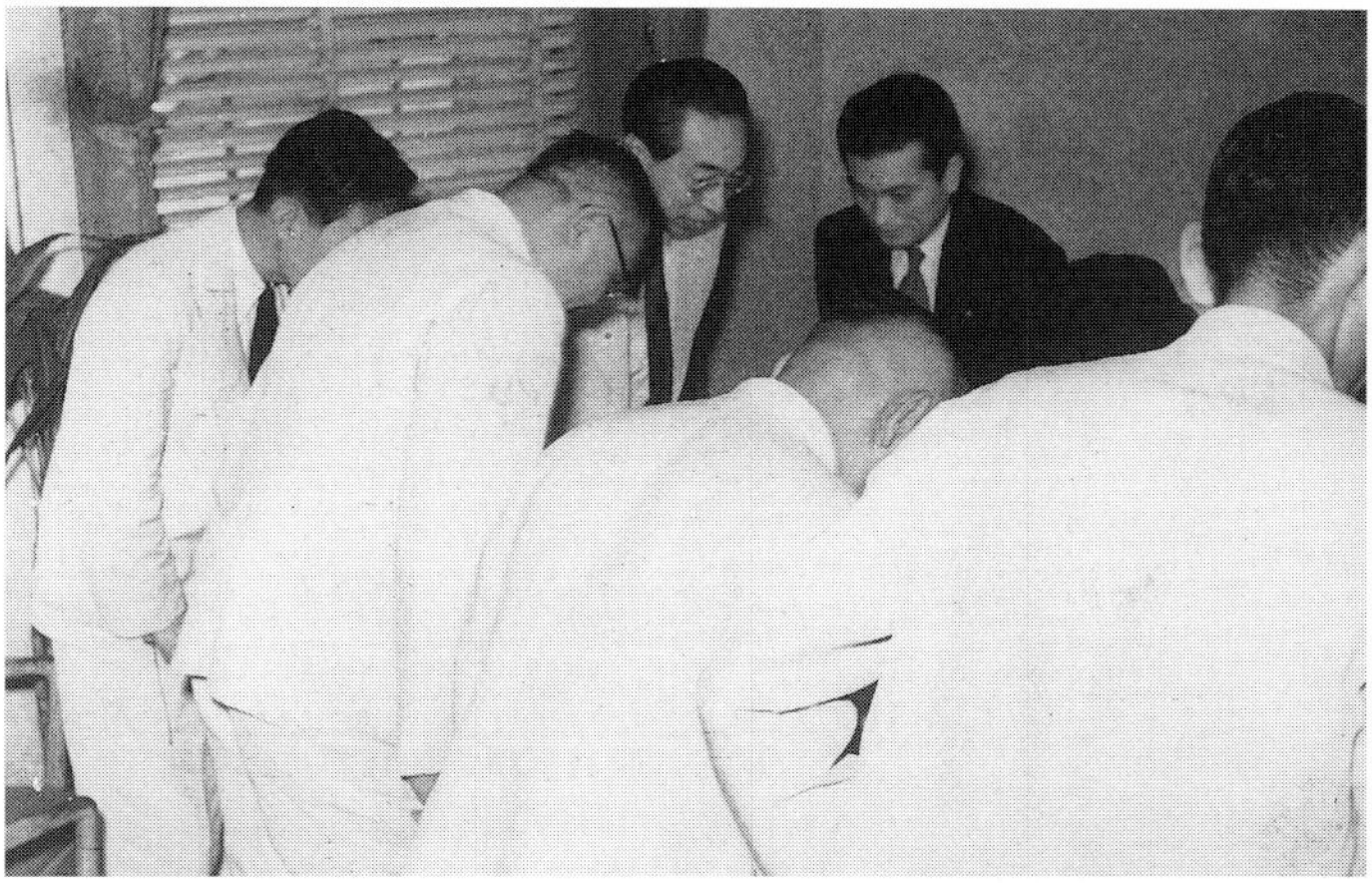

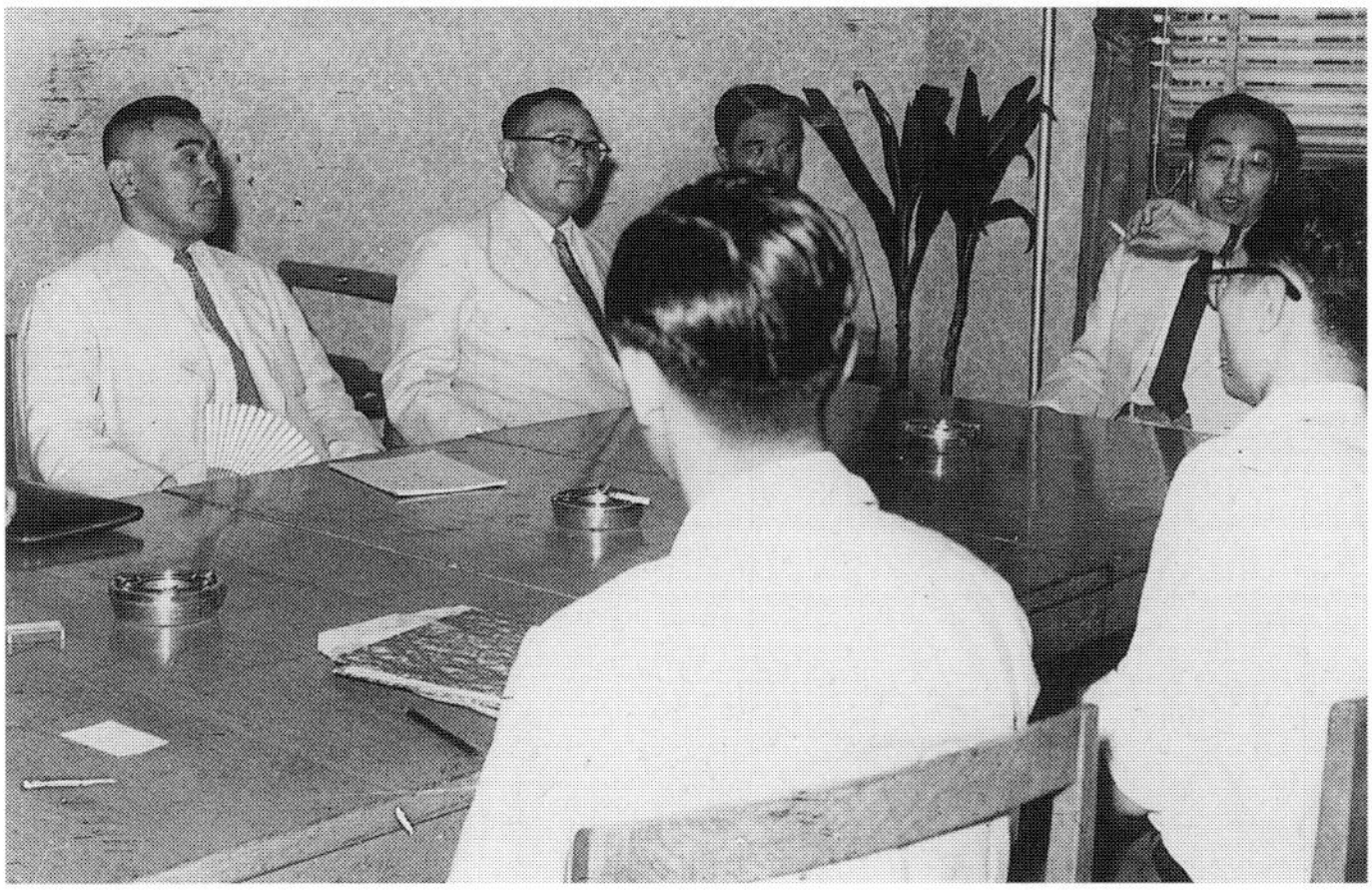

予備会談

中労委の休戦協定締結後、東京ステーションホテルで第２次あっせん案に向けた予備会談がもたれた。

（上）挨拶をする労使双方の参加者。前列左から２人目、こちらに背を向けてお辞儀をする眼鏡の男性が夏川嘉久次社長。（提供：UA ゼンセン）

（下）着席して、早速会談がはじまる。テーブルの向こうが会社側の人間。左端が専務の西村貞蔵、その右が夏川社長。予備会談は計３回行われ、第１回は衆院労働委員会の調査が入った1954年７月29日。その２日後（31日）の第２回を経て、８月２日の第３回会談には夏川社長が仮病で姿を見せず不安を残したものの、８月４日、第１次あっせん案に労使が調印した。
争議勃発後、60日余りで解決の糸口が見えかけたが、そう甘くはなかった。会社側は第２次あっせん案もないがしろにし、再び争議に突入した（88ページ参照）。（提供：UA ゼンセン）

争議終結へ

1954年９月12日22時５分、中労委にて労使双方に第３次あっせん案が提示された。全繊同盟と近江絹糸労使が受諾の態度を決し、あっせん案が各支部に持ち帰られた。９月13日に富士宮、14日に彦根、大垣、中津川、長浜、津、岸和田、15日に大阪というように、各支部が次々と受諾を決定し、全支部の受諾率は91.1%であった。

第３次あっせん案の説明を受ける中津川支部の組合員。真剣な表情で書面を読み、内容を確認する。この後、挙手で受諾を採択した。（提供：朝倉克己氏）

（右）彦根支部では中庭で集会を開いてあっせん案の受諾を決定した後、生産再開に向けた仕事準備の説明に移った。（提供：朝倉克己氏）

（下）彦根支部はこの夜、ファイヤーストームで勝利を祝い、気持ちの区切りをつけた。会社が支給し、若者達の行動を縛ってきた忌々しい「鑑」手帳がすべて焼き捨てられた。（提供：朝倉克己氏）

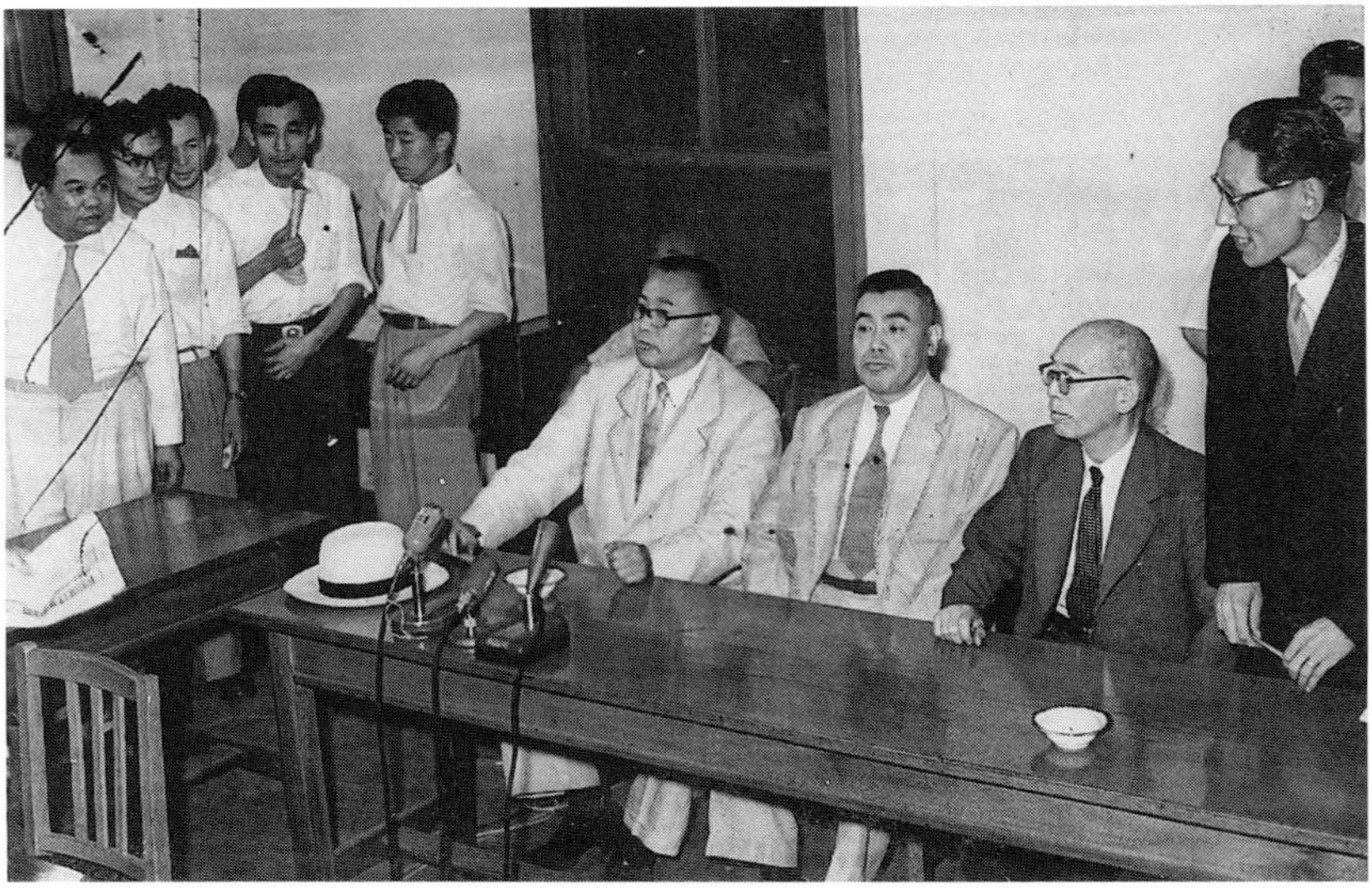

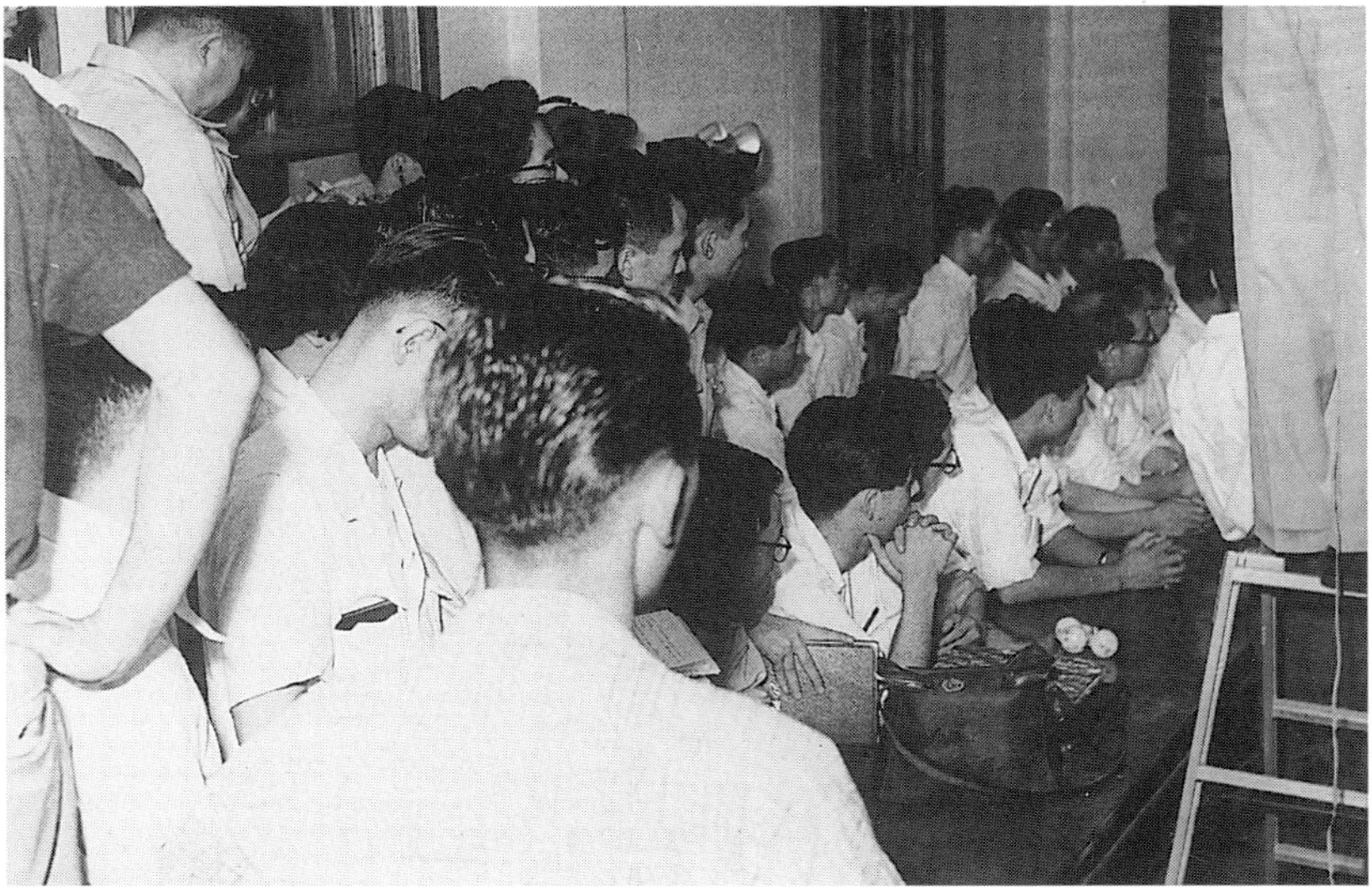

解決直前

いよいよ大詰め。９月16日13時、近江絹糸労組緊急中央執行委員会が開催され、各支部の報告を受けて労組のあっせん案受諾が決まった。この決定を全繊同盟が中労委へ回答し、16時から協定書調印式が執り行われた。

（上）最後の調停に臨むべく、会社側が到着して着席。左端が夏川嘉久次社長、中央が西村貞蔵専務。（提供：UA ゼンセン）

（下）調印の様子を見つめる組合の役員達。解決・勝利の瞬間を息を呑んで待つ。（提供：UA ゼンセン）

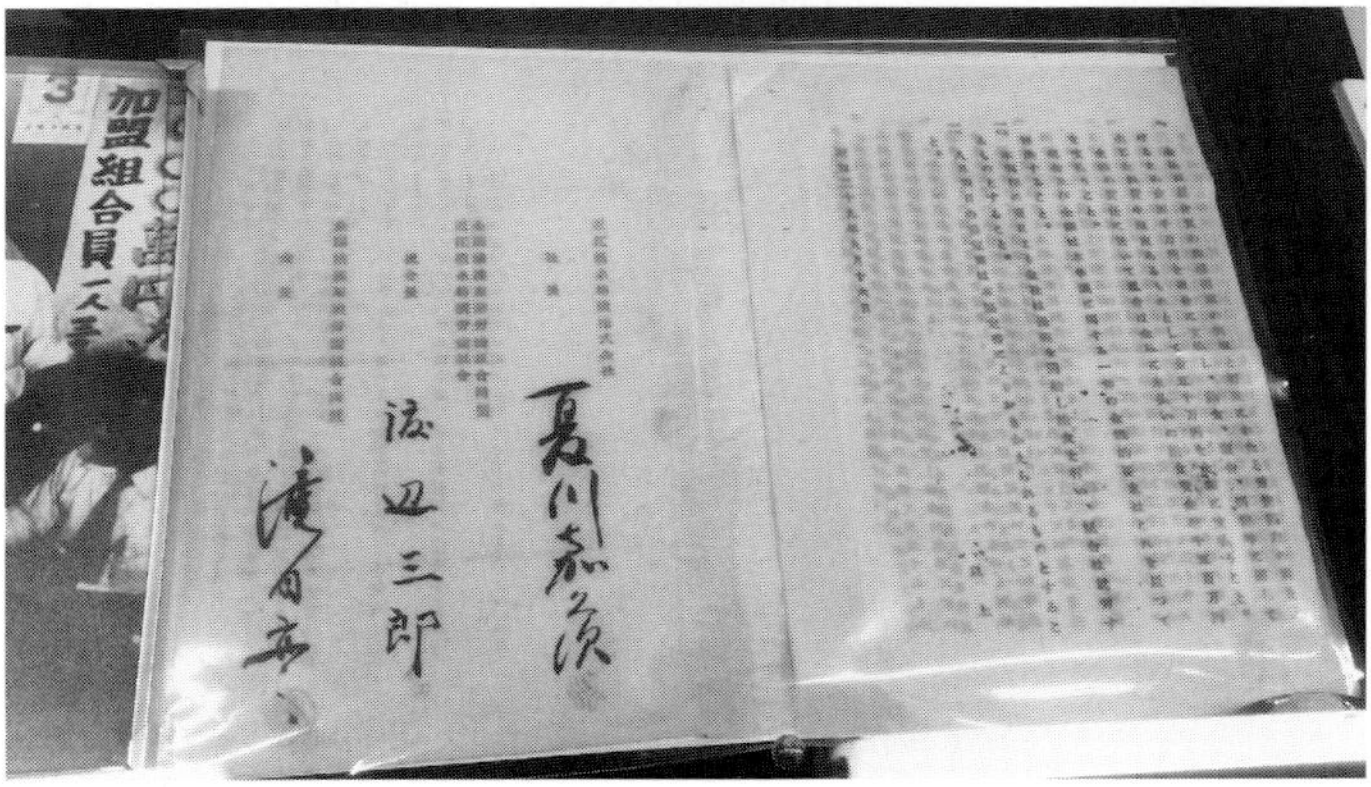

調印の瞬間

（上）全織同盟会長滝田実、近江絹糸労組組合長渡辺三郎、近江絹糸社長夏川嘉久次の３者が署名捺印し、ついに106日間の争議に終止符が打たれた。（提供：オーミケンシ労組）

（下）調印された協定書の現物。「友愛の丘」（VIページの写真参照）に保存されている。

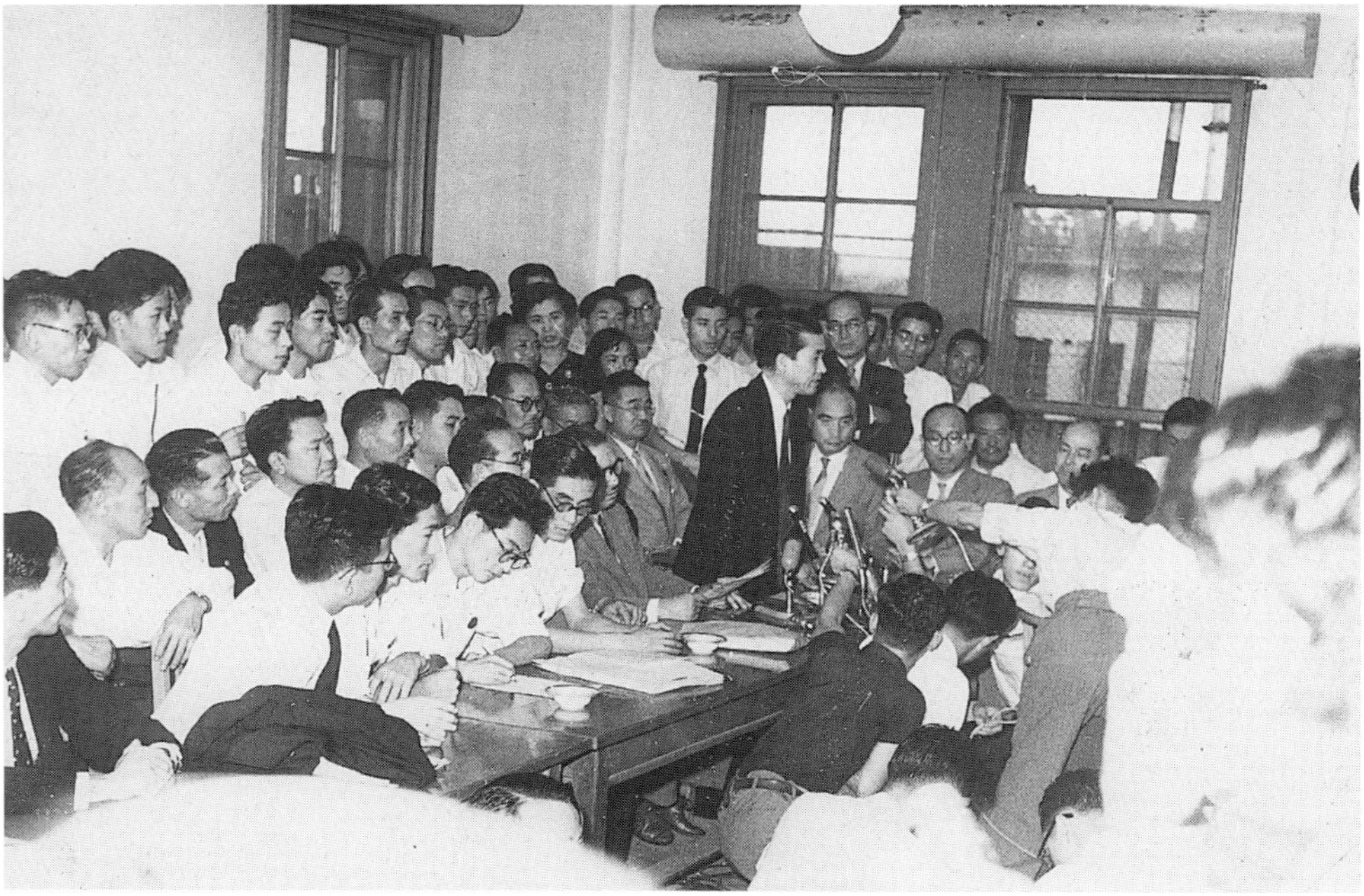

解決を祝して

（上）調印直後、記者団に向かって所感を述べる滝田実。（提供：UA ゼンセン）

（下）同じく、挨拶をする夏川嘉久次社長。その胸中やいかに。（提供：UA ゼンセン）

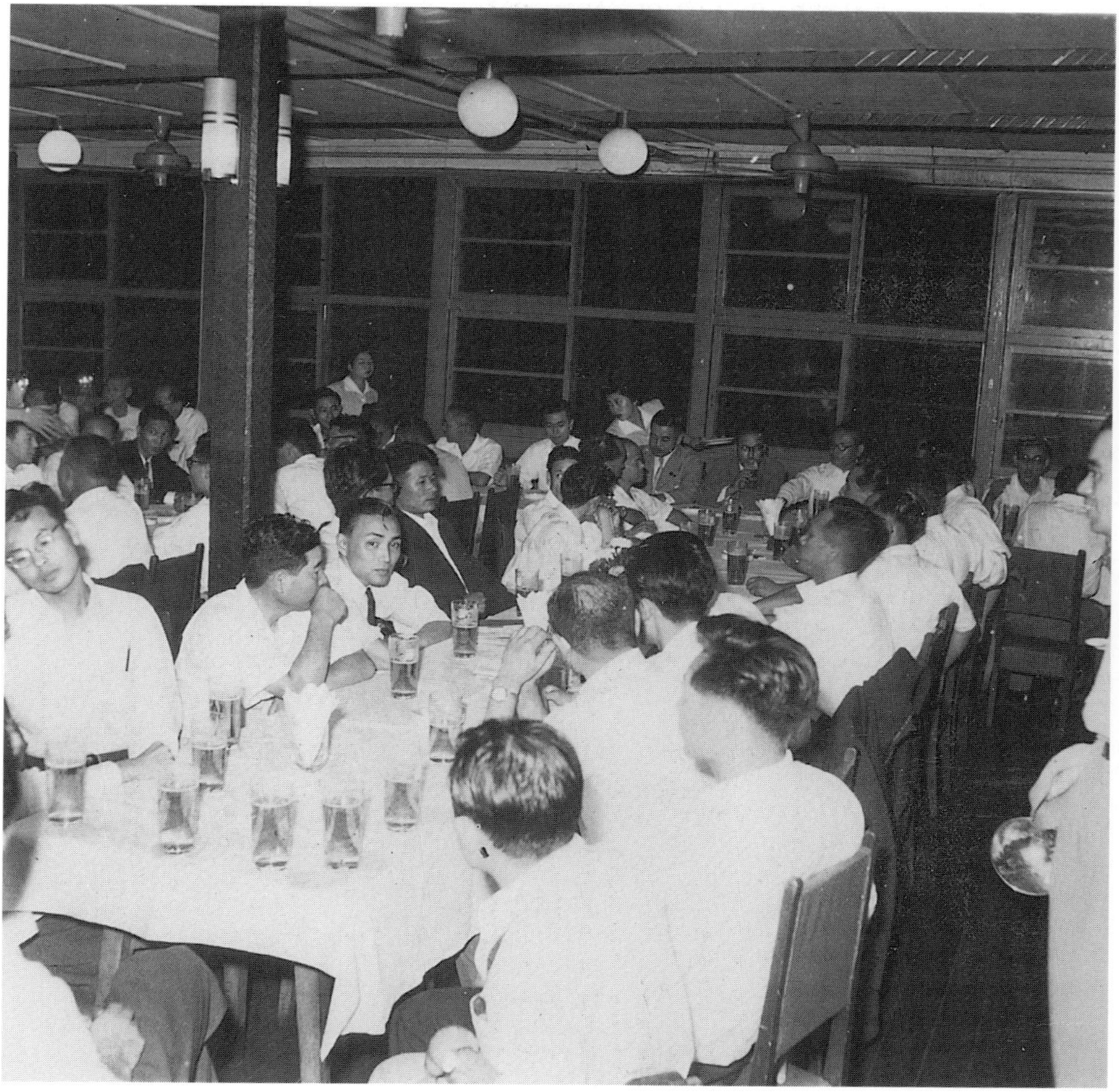

解決を祝して、ビアホールの「ニュートーキョー」で勝利報告会が開催された。翌日から、各支部は生産再開へ。（提供：UA ゼンセン）

生産再開

調印の翌日、各工場で生産が再開された。

1954年９月17日、生産再開の朝、中津川支部にて。長い闘いだったが、区切りをつけて今日からきちんと職場へ向かう。（提供：朝倉克己氏）

大垣支部では、腕を突き上げて生産再開を宣言。解放の喜びに満ちあふれた元気いっぱいの笑顔・笑顔・笑顔。（提供：オーミケンシ労組）

まずは原状回復

９月17日朝、富士宮支部は、争議期間中工場の塀にびっしりと貼られていたポスターをはがす作業からはじまった。塀に沿って組合員がずらりと並び、原状回復を図った。（提供：巨海公子氏）

第5章

全繊同盟

近江絹糸人権争議の分析においては、近江絹糸労組の結成や、争議活動を指導した繊維産業の産別組合である全繊同盟（全国繊維産業労働組合同盟）に目を配る必要がある。そこで、本章では全繊同盟について説明をしていきたい。

一九四六年七月に全繊同盟は結成されている。各地繊維連合会の全国連合体で、当時は分権的な組織であった。結成当時から総同盟に加盟していたが、一九五〇年一〇月、総評(1)へ加盟したこ

（1）正式名称は日本労働組合総評議会。一九五〇年に結成されたナショナルセンター（労働組合の全国中央組織）である。労働組合の結成を促したＧＨＱの強い意向を受け、当初は労働組合主義や共産党排除を標榜し、多くの産別組合が参加した。

とで総同盟から脱退している。だが、左傾化の著しい総評を批判し、一九五三年一一月に総評を脱退し、一九五四年四月に全労会議(2)を結成した。

全繊同盟と言えば、一九六四年にナショナルセンター同盟(3)を結成した盟主であり、総評と直接に対立する同盟路線の中心にあった。全繊同盟は、人権争議の勝利、労使関係の安定性、若い組合員や労組運営のへの指導力などから、力量が評価されることが多い。だが、すでに兼ね備えていた組織能力の高さや成熟性に対する評価ということであれば、少し疑問が残る。むしろ、人権争議の経験と教訓こそが、のちの組織拡大や成熟した活動に大きな影響を与えた財産となったと見るのが妥当なところである。

全繊同盟オルグは、地元に加盟している労組から続々と派遣されたが、現場総責任者と言える山口正義をはじめとして、支部へ配置された責任者は、大阪支部の竹内文義、津支部の皆川利吉、大垣支部の下田喜造、富士宮支部の田代新一ら戦前からの各地の活動家たちであった。一方、のちに幹部役員となる有為な人材も配置されている。その一例は、富士宮支部の宇佐美忠信、矢田彰、田中時雄、彦根支部の西田八郎、穴井豊記（のちに津支部へ）などである。

なお、全繊同盟の指導という点では、大垣支部は他の支部と異なっている。全繊同盟から派遣され、近江絹糸の大垣支部を担当したオルグの一人が山田精吾（一九三〇〜一九九六）であった。一九四八年に旭化成へ入社した山田精吾は、当時、旭化成労組のダイナマイト支部で少数派活動を経験しており、全繊同盟においても総評脱退に反対姿勢を取るなど、左派に属していたと思われる。それだけに、総評からの共闘を一貫して拒絶していた全繊同盟のもとで山田が活動したことは、他の支部に比べて総評系労組に関しては鷹揚であったと言える。

山田は、一九五九年に全繊同盟組織部に入り、組織部長、大阪府支部長、書記長などを歴任し、一九八九年に結成された「連合」にも関与し、事務局長に就任している。

事実、大垣工場の争議対策本部には、全労のみならず総評加盟労組も加わっていたし、矢冨徹彦ら大垣工場の労組結成有志たちがもっとも頼りにした日紡労組には左派役員や組合員も含まれていた。さらに、大垣支部の役員たちは、激励のために訪問した総評事務局長の高野実[4]にも面会している。いわば大垣支部は、右派労組である全繊同盟の唯一の死角であったが、人権争議中に何らかの兆候が現れることはなかった。

（2）正式名称は全日本労働組合会議。全繊同盟、海員組合など、総評の急激な左傾化に嫌気をさして脱退した産別組合が中心となり、一九五四年に結成されたナショナルセンターである。初代議長は、全繊同盟会長の滝田実が務めた。

（3）正式名称は全日本労働総同盟。一九六二年、全労会議は総同盟などと発足させた会議体の同盟会議（全日本労働総同盟組合会議）を経て、合同してナショナルセンター同盟を結成した。労働運動では総評と対抗し、政治活動では民社党（民主社会党）を支持した。

（4）（一九〇一〜一九七六）戦前、日本共産党入党。戦後は全国金属労働組合の主事（書記）となり、一九五一年に総評初代事務局長に就任すると、左旋回へ舵を切り、左派社会党（左社）と連携して総評に君臨した。

近江絹糸人権争議中、全繊同盟は各支部の指導に余念がなかった。組合員向けに各地で労働講座を開催したほか、労組の幹部には泊まり込みでのオルグ講習会を開催するなど労働者教育を続けた。スクラムや労働歌を教え、ピケを張り、ジグザグ行進やプラカード戦術など、デモの際には指導を行っている（**コラム**参照）。

また、暴力団対策として、加盟組合や友誼組織と連携した保護や自衛手段の訓練も行っている。それ以外にも、第二組合への加入促進に多大な努力を傾け、順次組織拡大を達成していった。

当初、第二組合は、形式上とはいえ第一組合、第三組合、第四組合に囲まれる形となり、劣勢であるうえに少数派組合であった。だが、

《*column*》

労働争議戦術の用語説明

スクラム――座り込みなどと同様に、ストライキ参加者以外の侵入を阻止したり、脱落者を防ぐために労働者が腕を組み合わせて横に列をつくること。労働者の団結を誇示したり、周囲に呼びかけるなどの場合もある。

労働歌――労働者を励ますための歌。団結を促し、士気を高めるために集団で歌ったり、組合員の勧誘や情報宣伝の手段として大音量で聞かせる。全繊同盟は、『聞け万国の労働者』や『世界をつなげ花の輪に』などを教えた。

ジグザグ行進――デモ行進の一種の方法で、労働者同士が腕を組み、一直線ではなくＺ文字のように何度も折れ曲がりながら行進すること。行進場所を広く使用したり、密集度を高めるなど活発な動きを出すデモとなる

各支部は着実に組織を拡大し、もっとも苦戦していた富士宮支部に進展があった七月中旬には、全労働者一万一七五三人のうち八七〇九人を第二組合に加入させ、組織率は七四・一パーセントとなった。さらに、八月上旬には組織率八二・一パーセントとなり、会社側組合を崩壊寸前にまで追い込んでいる。

全繊同盟は、会社側が次々に仕掛けてくる組合員の解雇や不法侵入の訴えに対して、速やかに法的手続きを取って対抗した。また、前述したように、出身地オルグや真相発表会の開催などでは全国の全繊同盟加盟労組を動員しているほか、家族対策を本格的に展開した八月以降にかぎっても、一一三人の出身地オルグを出張させている。

労組側の訴訟事件は、不当労働行為関係では地労委と中労委あわせ一七件、民事訴訟関係で二七件、告訴や告発など刑事事件で七件などの申立を積み上げている。一方、会社側は、一〇〇件近くの告訴告発を行っている。人権争議は、全繊同盟による法規をめぐる闘いでもあったのだ。

全繊同盟の大がかりな資金対策も見逃すことができない。当初は、全繊同盟や全労から融資していたが、争議の長期化を予測すると加盟組合員のカンパを決定し、不足分は加盟労組、友誼団体、銀行などからつなぎ資金として借用し、必要経費として投入した。

一九五四年八月分の費用は、現地費用が約二二〇〇万円、組合員の生活費が一五〇〇万円、組合員の食費約一四〇〇万円で、一か月当たり一人約五一〇〇円が計上された。これに加えて、八月分一七〇円、九月分一八〇円の追加カンパを支援労組の組合員から集めた。争議を通じたカンパ合計は、全繊同盟組合員一人当たり四八〇円に上り、総額一億二〇〇〇万超を集めている。

また、生活費の補助として一人当たり五〇〇〇円の特別生活費支給もあったが、これらは、全労、右派社会党(5)など友誼団体から調達したものである。

大規模カンパは、繊維産業では若年女性組合員が多く、効果が小さいという予想を覆すことになった。この成功例は、総評系の他労組における大規模カンパの参考例ともなった。さらに、全繊同盟のみならず、近江絹糸労組各支部、加盟大手労組など複数経路から街頭募金で巨額を集めている。これによって、人権争議後の組合員たちは借金を負うことなく再スタートを切ることができたのである。

全繊同盟には、現地の争議戦術のみならず、出入荷停止や製品ボイコット、国民への徹底した情報宣伝、ＩＬＯ提訴、省庁や財界など各所への陳情などといった大きな戦略があった。前述のように、七月末には衆議院労働委員会での参考人証言も実現している。

これらは、全繊同盟の集権性を示している。各地での争議が分権的に強行されれば自由自在に激しさを増すかもしれないが、実効性が低い可能性があるうえに労組側の被害も大きくなる。逆に、指令や小さな指示をしっかり遂行できる集権性があれば、外見上の激しさはともあれ、組合員たちの被害は少ない。明らかに、全繊同盟は後者を選択してきたことが分かる。

全繊同盟の会長であった滝田実は、労組内部からもっと激しい闘争を求められて何度も吊し上げられたうえ、暴漢から二度も命を狙われている。だが、組合員たちの暴発を抑えつつ、要求が通らず敗北し、争議後に労組が自滅するような結末を避けようという民主的な労働運動における勝利への信念があった。

とはいえ、争議を通して全繊同盟が一貫して成功を重ねたとは言い難く、中労委のあっせんでは見通しの誤りがあるなど、随所で失敗も見られた。言ってみれば、全繊同盟も若き産別組合であったということである。

付言しておこう。近江絹糸人権争議後に発生した企業再建闘争（第6章で詳述）でも、全繊同盟は深く関与している。

（5）一九四五年に結成され、第一回総選挙で第一党となって片山哲政権を誕生させた日本社会党が、内部対立を繰り返したのち、一九五一年に右派と左派に分裂した。両派とも党名が日本社会党のままであったため、「右派社会党」と呼ばれた。

全繊同盟と全労会議

1946年7月31日、東京神田の教育会館で全繊同盟（117労組、約94,000人、会長松岡駒吉、総主事富田繁蔵）が結成された。

（右）初代会長松岡駒吉は1947年4月の第23回衆議院選挙に当選し、衆議院議長に就任した。（提供：UA ゼンセン）

（左）同4月の第1回参議院選挙では赤松常子が当選している。（提供：UA ゼンセン）

（上）全繊同盟本部は当初、神田神保町の救世軍本営の２階に間借りしていたが、1947年10月に京橋の明治屋ビルに移った後、1949年７月から三田に全繊会館を建設して移転した。（提供：UA ゼンセン）

（下）全繊同盟は、総評を脱退後、1954年４月に海員組合などと共に全労会議（全日本労働組合会議、11組合、約84万人、議長滝田実）を結成した。（提供：UA ゼンセン）

姿を見せた赤松常子

赤松常子は、近江絹糸労組各支部を巡回して女性組合員の実情を視察し、激励を重ねた。

上の写真は、彦根支部にて労働歌を学ぶ女性組合員を見つめる赤松。（提供：UA ゼンセン）

津支部にも登場。工場の外からハンドマイクで支援演説。赤松常子が誰であり、何をしているかなどまったく知らない子ども達がその様子を見上げる。（提供：UA ゼンセン）

真相発表会

1954年９月４日、全織同盟の企画で、新橋ステージで開催された近江絹糸真相発表会。争議の援護射撃のため、近江絹糸の労務管理のひどさを公表した。社会党議員や全労幹部、全織同盟の滝田実らが次々に熱弁をふるった。こうした活動が実を結び、近江絹糸争議は世間を味方につけた。（提供：UA ゼンセン）

右写真の壇上をクローズアップしたもの。組合員達の緊張ぶりがよく分かる。なお、このステージは1970年代の再開発により取り壊され、現在のSL広場ができた。（提供：UAゼンセン）

真相発表会の朝

(上) この日の朝、真相発表会が開かれる東京に向けて出発するため、工場前に集合した富士宮支部の組合員達。(提供：オーミケンシ労組)

(下) 新橋に到着すると、全員の顔に緊張が走った。人前で話すことに慣れていないから、うまく話せるかどうか不安が募る。(提供：オーミケンシ労組)

全繊同盟の文書発送部隊
争議中は各支部への指令や全体情勢の報告、友誼組織・支援団体への支援要請など大量の文書を作成し、発送した。この作業を全繊同盟の書記局が担い、大活躍した。ガリ版刷り、封入、糊付けを大人数で黙々と続けた。てんてこ舞いの作業場に、手が空いた役員達も助勢に割って入った。（提供：UA ゼンセン）

若者達の歌声

全繊同盟歓迎コーラス本番の日、続々と集まってくる組合員達。津工場付近の風情も教えてくれる１枚。見るように、田んぼの中に建設された工場だった。（提供：UA ゼンセン）

津支部の組合員が、向かい側にいる全織同盟への感謝を込めて、練習してきた歌声を披露する。（提供：UA ゼンセン）

西田八郎

争議開始当初、西田は彦根支部の結成を手助けし、その活動指導に全力を傾けた。

（上）壇上で全織同盟近江絹糸労組彦根支部の旗を振り、組合員を鼓舞する。左は朝倉克己支部長。（提供：朝倉克己氏）

（下）若い組合員にとっては兄のような存在であった。活動中は激しく厳しいが、請われれば気さくに記念撮影に応じた。（提供：UAゼンセン）

慰霊祭にも参加

圧死事件3回忌慰霊祭を提案したのは西田八郎であった。来賓席に座る全織同盟の幹部達。2列目左端が西田、最前列左から2人目が赤松常子。（提供：UAゼンセン）

宇佐美忠信

全繊同盟総務部長時代の宇佐美忠信（画面左）。富士宮工場を訪れた東京支部役員と打ち合わせ。全繊同盟オルグとして富士宮入りした田中時雄（後に大阪府支部長他）や矢田彰（東京都支部長他）のみならず、野付利之（組織部他）、赤尾卓美（綿紡部会書記長他）、大星輝明（友愛の丘センター長他）ら全繊同盟の幹部になっていった富士宮支部の若者達も宇佐美の薫陶を受けた。マスコミ対策、国会・省庁陳情など、現地争議にとどまらない大胆な戦術を展開し、卓越したユニオンリーダーであった。（提供：UA ゼンセン）

活動戦術

陳情団が乗り込むバスを見送る富士宮支部の組合員達。東京に近い地の利を活かした戦術であった。（提供：オーミケンシ労組）

セスナでビラまき

全繊同盟は工場労働者を励ますため、セスナ機を手配して激励ビラをまいた。1954年６月９日、彦根上空から５万枚を散布。「近江絹糸労組の仲間もいるし、全繊同盟もちゃんと支援するから安心しろ」というメッセージだ。会社側もこれに対抗して全繊同盟を中傷するビラをセスナでまくが、全繊同盟はそれに「倍返し」していった。

写真は同年７月９日、中津川上空から５万枚をまいた時の様子。ビラまきに加え、空から拡声器で呼びかける声に、組合員達が拳を振り上げて応える。（提供：朝倉克己氏）

拡声器や街頭宣伝カーを活用

（上）中津川支部にて、全織同盟オルグが手慣れた様子でスピーカーを工場の屋根に設置する。団体行動や情報宣伝活動に拡声器は不可欠で効果絶大。（提供：UA ゼンセン）

（下）全織同盟の街頭宣伝カーは近江絹糸争議でデビューし、大活躍した。各工場の市内デモ活動を援護射撃する。街宣を終え、全織同盟事務所に到着して手を振るオルグ達。（提供：UA ゼンセン）

（次ページ上）全織同盟の公式記録によると、1955年、海外組織から届いた近江絹糸争議支援資金で大型の街宣カー第１号を購入したとある。この第１号は、選挙活動なども含めて10年にわたり使い倒し、廃車になった。だが、近江絹糸争議で最も活躍したのは小さめの街宣カーだった。（提供：UA ゼンセン）

（次ページ下）街宣カーに乗り込み、支援を訴える若者達の顔は明るい。（提供：UA ゼンセン）

女工哀史追放
働く者の権利をみとめよ
近江絹糸労組

国会議員

近江絹糸争議への国民の関心の高まりを背景に、全繊同盟が支持する右派社会党を中心に国会議員の視察と激励が相次いだ。

（前ページ）６月25日、大垣支部を訪れて応援演説を行う浅沼稲次郎。（提供：UA ゼンセン）

（上）大阪で開催された近江絹糸糾弾大会で登壇した河上丈太郎。（提供：UA ゼンセン）

（下）彦根支部を訪問する水谷長三郎議員団。（提供：UA ゼンセン）

生活資金を配る

全織同盟は近江絹糸争議で巨額のカンパを集めた。スト中で賃金はゼロだったから、カンパはそのまま組合員の生活資金となる。

配給の順番を待つ女性組合員達。争議を経ても組合員に借金を負わせなかったことが全織同盟の名声となった。その背景として、繊維労組の女性組合員から十分なカンパを集めることができたのが大きい。そのおかげで組合員達は、仕事なし・賃金なしでも退職を思いとどまることができた。（提供：UA ゼンセン）

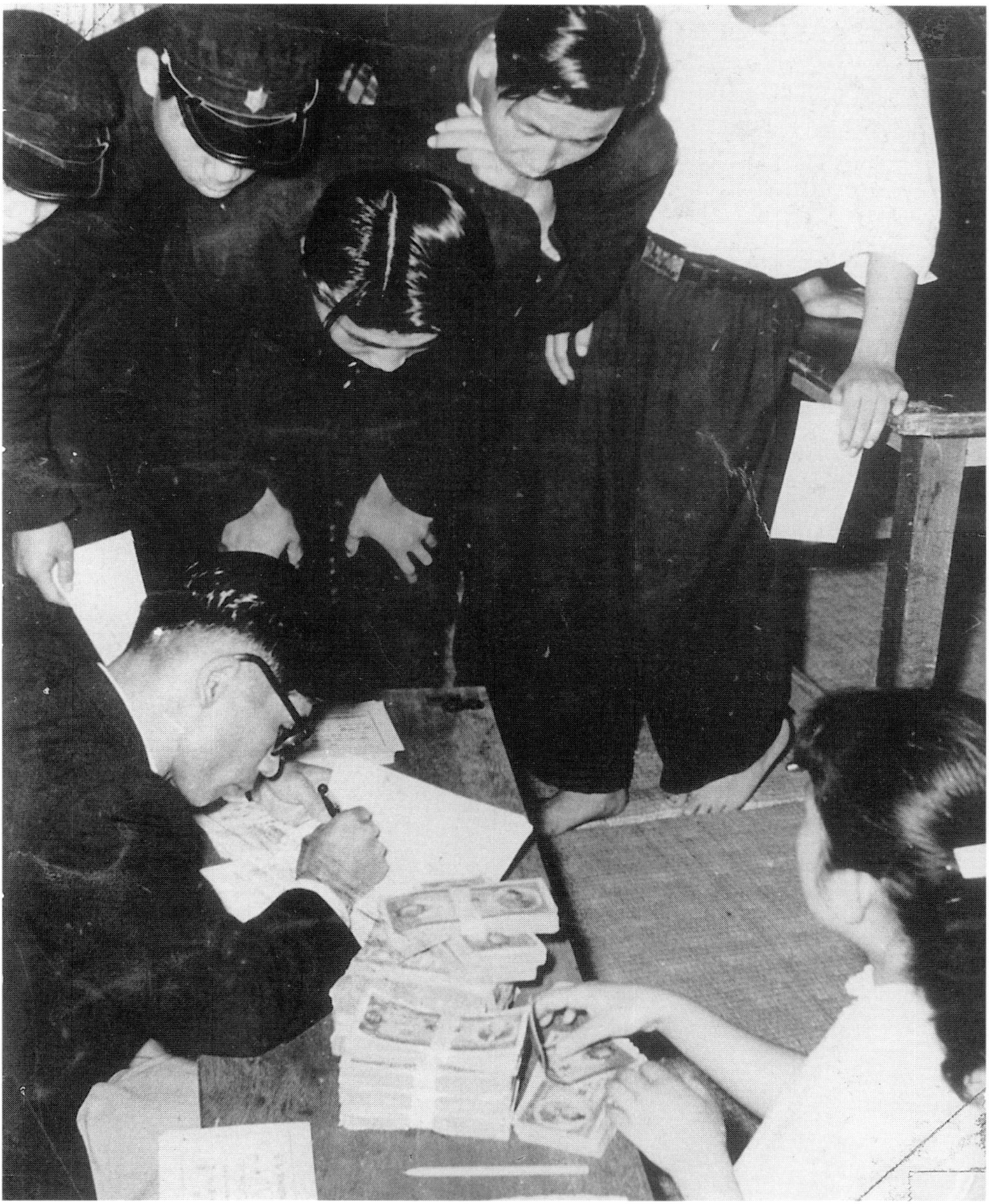

長浜支部にて、待ちわびた組合員達が列を作り、全織同盟から生活資金を受け取る。机上の札束を見つめる男性達の、生唾を飲み込む音が聞こえてきそうだ。（提供：朝倉克己氏）

慰問品
日本毛織加印工場労組

仲間からの励まし

（前ページ）岸和田支部にて。寮の一室に集まり、同じ全織同盟の仲間である日本毛織加印工場労組からの差し入れを一つ一つ確認する組合員達。慰問品や本・雑誌、キャラメルなどの菓子類、調味料や石鹸などが届いた。（提供：オーミケンシ労組）

（上）争議中は各工場へ、地元の全織同盟加盟労組が巡回で慰問に来てくれた。写真は彦根支部を訪れた鐘紡労組組合員による軽音楽コーラスグループの演奏風景。争議に明け暮れる組合員達は、ひと時のやすらぎを覚えた。仲間の労組からこういう粋な友情を示されると俄然やる気が出る。（提供：朝倉克己氏）

海を越える励まし

全織同盟の危機に、国内だけでなく海外からも励ましと支援が届いた。


（上）1954年7月19日午前、国際自由労連（ICFTU）執行委員ボーレが彦根支部、彦根争議団本部を訪れ、西田八郎、朝倉克己らの案内でピケなどを視察し、同日開催された決起大会では激励の言葉を述べた。

壇上右から順に、彦根副支部長前田淳、通訳の女性、ボーレ、朝倉、西田、ボーレは午後には大垣支部へ赴き、同様に組合員達を励ました。（提供：朝倉克己氏）

（下）全織同盟の上部組合である国際繊維労組同盟（IFTWA）の書記長グリーンホール。8月、傘下の16か国約170万人の繊維労働者に向けて、全織同盟と近江絹糸労組への支援を惜しまないよう指令した。争議後の10月に来日している。

ほかにも、9月にはアメリカの労組幹部やイギリス労働党議員などが続々と来日し、近江絹糸労組と全織同盟を訪れた。（提供：UAゼンセン）

家族対策の攻防

会社側は組合員の家族宛てに、「お子さんは全織同盟にだまされている」「風紀が乱れており妊娠の恐れが大きい」「争議で借金を背負うことになる」などと記した手紙や電報を大量に発送した。対する近江絹糸労組も、各支部に親を集めて説明会を開いたり、手分けして各地へ出向いて説明・説得を重ねた。

写真は、岸和田支部に集合し、わが子の状況を聞いて安心する親達。(提供：オーミケンシ労組)

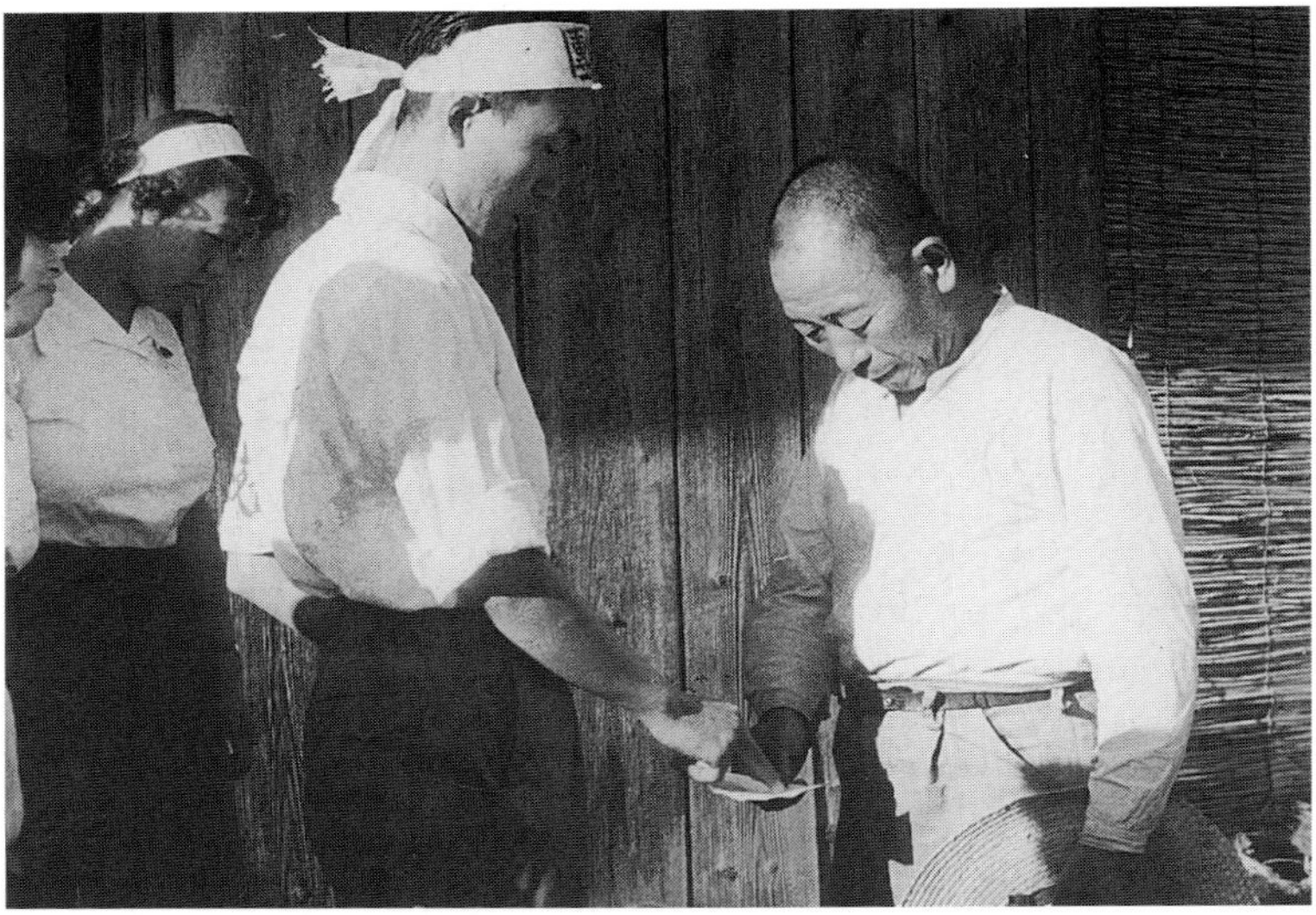

（上）各家庭に組合員が出向いて真相を話すと、親は驚き、安心し、憤慨した。（提供：UA ゼンセン）

（下）会社側の「風紀デマ」を問題にして団交を要求する長浜支部の組合員達。（提供：UA ゼンセン）

第6章
もう一つの争議

近江絹糸人権争議に関する多くの著作が、一九五四年九月の中労委あっせん労使受諾による終結までを対象としている。だが、近江絹糸労組は、数年後にそれに劣らぬ闘いを強いられることとなった。

人権争議が終結すると、近江絹糸労組は別組合の吸収に着手した。一九五四年一一月一七日、近江絹糸労組は、中労委の第三次あっせん案を根拠に、会社側とユニオン・ショップ協定を締結した。このため、当初は第二組合への対立感情が残っていた別組合も崩壊しはじめ、一気に労組統合へと向かうことになった。

しかし、一九五四年九月一七日から生産再開に臨んだ組合員たちは、大きな困難に直面することになった。各工場の、当事者能力の消失であった。夏川嘉久次社長によるワンマン経営で、各工場の権限は極度に限定されていた。さらに争議中は、操業停止によって工場管理職たちの立場が有名無実なものとなっていた。

言うまでもなく、争議後は会社の損害が膨大なものとなり、立場を強めた銀行側の干渉がはじまった。経営陣である夏川一族は、その防御や次善策に腐心するあまり、生産現場の運営は後手に回った。もちろん、と言うべきであろう、工場の統廃合も計画された。このため、各工場の情勢は一言でいうと「労組の天下」となり、労組主導で生産面を支えることになった。

徹底した争議に明け暮れた労組が、ストのためのストをよしとしない生産性向上体制へ切り替えるためには強力な規律と統制を必要とするため、想像以上の困難を極めたと考えられる。

このような状況であったが、近江絹糸労組は大幅な賃上げと一時金の獲得、工員呼称の廃止や制服の全社員統一、一年契約者の雇用保障と制度撤廃、深夜労働の中止、そして舎監制度の廃止など、山積となっていた課題を矢継ぎ早に解決していった。だが、その間に夏川一族と銀行関連役員との確執が生じていた。繊維不況が厳しくなり、合理化が現実化していくなかで、この対立構造が飛び火する形で近江絹糸労組を襲った。

夏川嘉久次の退陣でまとまっていたはずの近江絹糸労組だが、一九五六年一一月以来大銀行による経営支配となっていた近江絹糸の経営権を公正取引委員会が取り上げたことで急変した。夏川一族側が有利という情勢になると、夏川嘉久次前社長の排斥の是非をめぐって労組分裂の芽が生まれたのである。

そんななか、一九五七年五月に開催された第三回定期大会では、支持政党議案で共産党を支持しない旨の明記をめぐって激しく意見が対立した。その結果、共産党支持者が現出する形で派閥を生み、社会党支持の本部派と反本部派の色分けが明らかになった。

一九五七年五月二二日、公正取引委員会が銀行側の介入を「独占禁止法」違反とする審決を出した。これによって、銀行団は手を引いた。しかし、会社の危機が深まることになる。すると、企業防衛を旗印として、夏川嘉久次の復帰を主張する再建派が公然と本部派に反旗を翻して活動をはじめた。いわゆる、企業再建闘争である。

再建派の中心は、潜在的なものであったが、全繊同盟路線に対する疑念が強く、左派活動への拒絶が弱かった大垣支部であった。組合員たちは、本社労組の結成当初から活動してきた左翼幹部役員たちにまとめ上げられ、大垣支部が反旗を翻して再建派の本拠地となった。

さらに、大垣支部からすべての支部へオルグ団が派遣され、全支部において再建派が誕生し、小競り合いが頻発した。再建派の勢いは止まらず、役員の入れ替えを狙った臨時大会の開催を要求したが、これを本部派は拒否した。

この頃から共産党勢力との対決が表面化したとされるが、一部の当事者による証言以外に、その動向はほとんど知られていない。これについて如実に物語るのは、『大いなる翼を広げて——労働組合三〇年史』だけかもしれない。つまり、人権争議勃発から三〇年経過した時点の総括であり、かつての本部派と再建派が会して編集されたものである。

この本の「彦根にみる共産党との対決」という一節には、次のように記されている。

> 再建派に対し、いわゆるアカ攻撃がなされたことはすでにのべた。再建派はこの批判に対し、「われわれは共産党でも総評でもない」と反論したが、彦根支部長の朝倉にとっては、再建派の性格がどうであれ、かなり以前から支部に対する共産党の影響の増大が頭痛の種となっていた。
>
> 再建派の考え方は彦根にも及び、十一月十七日、高松克巳副支部長ら五人の執行委員が、「反夏川のスローガンをおろし、企業再建に全力を注ぐ」と宣言した。
>
> この宣言の一週間前の十日、大垣オルグ百人が彦根を訪れ同調を呼びかけた。彦根支部は、このオルグは統制違反だと抗議し、十三日の執行委員会で、〝夏川追放〟の本部方針を再確認した矢先だけに、副支部長らの宣言は一般組合員に動揺を与えた。
>
> 彦根支部にとって、共産党対策と、副支部長らの反旗と、頭の痛い問題がこの時期二つ重なったわけである。

共産党の彦根支部への働きかけは二十九年争議以前から行われていたが、人権争議とその後の高揚期を通じてその活動は徐々に強まっていた。人権争議自体は、政党の路線議論以前の問題だった。自民党を含むすべての政党が人権の回復に異議のあろうはずもなく、この点に関しては、かなり広範囲の共闘が可能だった。

しかし、争議が終わり、新組合が今後の路線を模索する段階になると、当然のことながら指導理念のちがいが表面化する。彦根では、争議後ただちにその問題が発生した。（前掲書、一二八〜一二九ページ）

一九五八年二月、全支部の本部派が大垣支部に押し寄せて激しい乱闘になるなか、再建派が独自の臨時大会を強行し、近江絹糸労組の新役員を選任した。本部派も一九五八年三月に独自の臨時大会を彦根支部で開催し、再建派の大会決定事項を無効とし、再建派の役員たちに対して除名や活動停止の処分を下している。

再建派は、同じタイトルの別の機関紙も発行している。滝田実への公開質問状の全文を掲載し、臨時大会要求に対する妨害、カンパの支出明細、再建派に対するデマ、全繊同盟オルグによる説得活動などをそこで問題にしている。

企業再建闘争に入ると、人権争議のときには協力を惜しまなかった各支部の地元住民の態度が変わりはじめた。内部の争いを早く終結させよ、との要望が強かったからである。企業再建闘争という名の闘いに抗うほうの労組は、どうしても正義と見なされず、本部派にとっては不利となった。泥沼化した「労労関係」だが、予想外の方法で収束した。

一九五八年三月、全繊同盟と会社側は、中労委会長の立ち合いのもと、全繊同盟を唯一の交渉相手として全面操業を図る協定を締結したのである。近江絹糸労組の両派の対立が最高潮に達したことをふまえ、労使関係の早期再構築を優先した処置であるが、近江絹糸労組にとっては、頭ごなしの措置によって会社側との交渉権を失うことになった。

全繊同盟側は、協定書に本部派組合長である渡辺三郎の名前で調印しておらず、決して再建派をはずすのではなく、近江絹糸労組は全繊同盟を通じて交渉する、と表明した。このため、両派痛み分けで労組一本化を実現しないかぎり、実質的な労組機能を失う事態に陥ることになる。つまり、大きなしこりを残したまま、労組再統一へ多難な歩みをはじめたわけである。

とはいえ、互いに緊張を解かないまま両派は、統一のための委員会の設置、現場の吊し上げの即刻中止、両派の情報ルートの統一などを決めている。

一九五八年四月に統一委員会が開催され、両派は五月中旬を目標に臨時大会で再統一を目指すこととなった。しかし、執行部候補の選任方法や役員配分で紛糾して、準備が遅れた。話し合いを続けて、統一委員会の再開になんとかこぎつけ、役員問題を決着させたのを足がかりに一九五八年一〇月に統一大会を開催し、労組再統一を実現した。この後、近江絹糸労組は交渉権を失ったまま、また両派の相互不信が残ったまま、企業再建に取り組んだ。そして一九五九年四月八日、上京中に倒れ、東大病院に入院していた夏川嘉久次が六〇歳で急逝した。

小説『絹と明察』における最後の社長のセリフは、次のようになっていた。

「(前略) 大槻君はほんまにええ青年やで。おお、あんた、嫁に行かはったのか。そりゃ知らなんだ。あんたほどの果報者はあらへんで。早速祝いをせなならん。何ぞ見つくろって、祝い物を送ってあげて」(前掲書、二八八ページ)

前述したように、「大槻君」というのが、朝倉氏がモデルとなった登場人物である。小説上の社長である駒沢が、入院先の病院のベッドで大槻の結婚を知り、その妻に祝辞を述べているシーンである。実際の夏川社長がどのような人物であったのか知る由もないが、この台詞からは人間味というものが感じられる。

さて、現実の世界では、一九六〇年六月、全繊同盟の働きかけを受け入れた近江絹糸労組が臨時大会を開催し、会社側との交渉権の返還を決定し、労組の自主機能が約二年ぶりに回復した。

第１回定期単一大会

1955年６月24日・25日の２日にわたり、組織統合した近江絹糸労組本部と各支部の役員が彦根支部に一堂に集まり、第１回定期単一大会が開催された。畳の仏間に机とイスを置いて会場とした。

横断幕の下には夭逝した３人の遺影が掲げられている。なお、第二組合の単一労組は前年６月30日に結成されている。（提供：オーミケンシ労組）

最後に参加者全員で記念撮影。最前列正座の左から８人目が渡辺三郎、その右が大垣支部から本部入りした仲川衛、その右が木村進。３列目左端に立つのが津支部長の石井三好、その右が富士宮支部長の寺田尚夫。５列目左端が矢冨徹彦、その右が大塚敬三。４列目の右から５人目が彦根支部長の朝倉克己。（提供：オーミケンシ労組）

各支部が独自の活動をスタート

人権争議中は全織同盟や労組本部と足並みを揃えたが、争議後は各支部が独自の活動を開始した。
会社側の当事者能力の欠如は著しく、工場ごとに労組の力量が問われることとなった。なかでも富士宮支部は、積極的に労組主導で生産を軌道に乗せることに成功した。

（上）富士宮支部の定期大会で演説する支部長の野付利之。（提供：巨海公子氏）

（下）富士宮支部の役員達。後列左から野付利之、依田敏弘（後に組織内議員）、大星輝明。（提供：巨海公子氏）

支部の基盤を作る

（上）人権争議後、初の新年となった1955年の近江絹糸富士宮工場の年賀状。この年の６月には、時限とはいえストライキを敢行している。（提供：巨海公子氏）

（下）富士宮支部の組合員達。前列でしゃがむのは山川定夫（後に第３代支部長）。首に笛を掛け、手にはタバコ、まだやんちゃな風情が残る。（提供：巨海公子氏）

自分達の職場を守る

富士宮工場に、旧来の悪癖を払拭できていない札付きの管理職が転勤してきて、組合員に不当な行為を働いていた。そこで1955年１月、この管理職を糾弾するデモを実施した。

２列目左端が寺田尚夫、１人おいて野付利之。右端に富士山が見える。（提供：巨海公子氏）

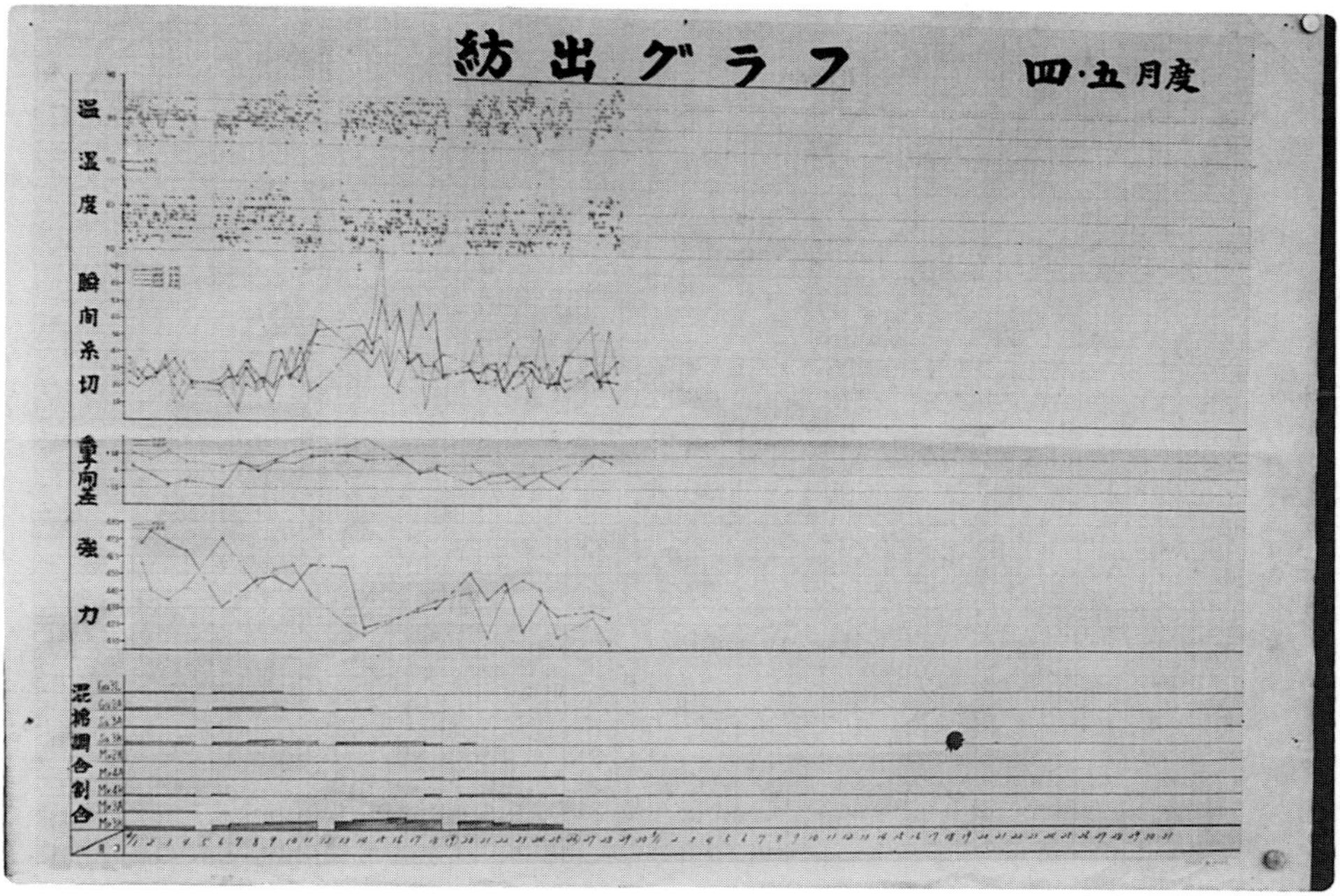

一方、富士宮支部では、生産性監視活動も怠らなかった。写真は、支部事務所に張り出された２か月分ごとの生産情報。もちろん、生産管理を主導するのは会社側だが、労組側も大切な職場を自分達の手で守るという姿勢を崩さず、自ら生産性を監視し続けた。
管理職追放活動も単なる報復感情からではなく、無力無能な管理職の存在が生産性を阻害すると判断して行ったものである。（提供：滝澤雄一郎氏）

内部対立直前のメーデー

富士宮支部、1957年５月の第28回統一メーデー。

最前列左が大星輝明、その右が野付利之。この時すでに、組織分裂の危機が迫っていた。（提供：巨海公子氏）

どの政党を支持するのか

1957年5月15日に彦根支部で開かれた第3回定期単一大会分科会では、今後の路線について激論が交わされた。最終的に、従来の「社会党を中心とした革新政党を支持する」から「共産党を支持しない」への方針変更が決まり、投票で承認された。

この方針決定が原因で、新役員改選の立候補者調整は4時間以上かけてもまとまらなかった。共産党支持をめぐる意見の相違が、組織分裂の危機をさらに高めていった。（提供：オーミケンシ労組）

会社側は、経営陣から銀行団が手を引いたことで夏川側の経営復帰となったが、融資を打ち切られて危機に陥った。その影響は、直接工場へ及んだ。長浜工場と岸和田工場は、織布主体で工場規模が小さく、人権争議中から工場閉鎖候補となっていたため、真っ先に合理化対象とされた。それに抵抗して工場閉鎖反対活動で団結する長浜支部の組合員たち。（提供：オーミケンシ労組）

工場内の隅々まで草むしりを続ける組合員たち。（提供：オーミケンシ労組）

工場の操業が停止したまま、機械のサビを取る組合員たち。（提供：オーミケンシ労組）

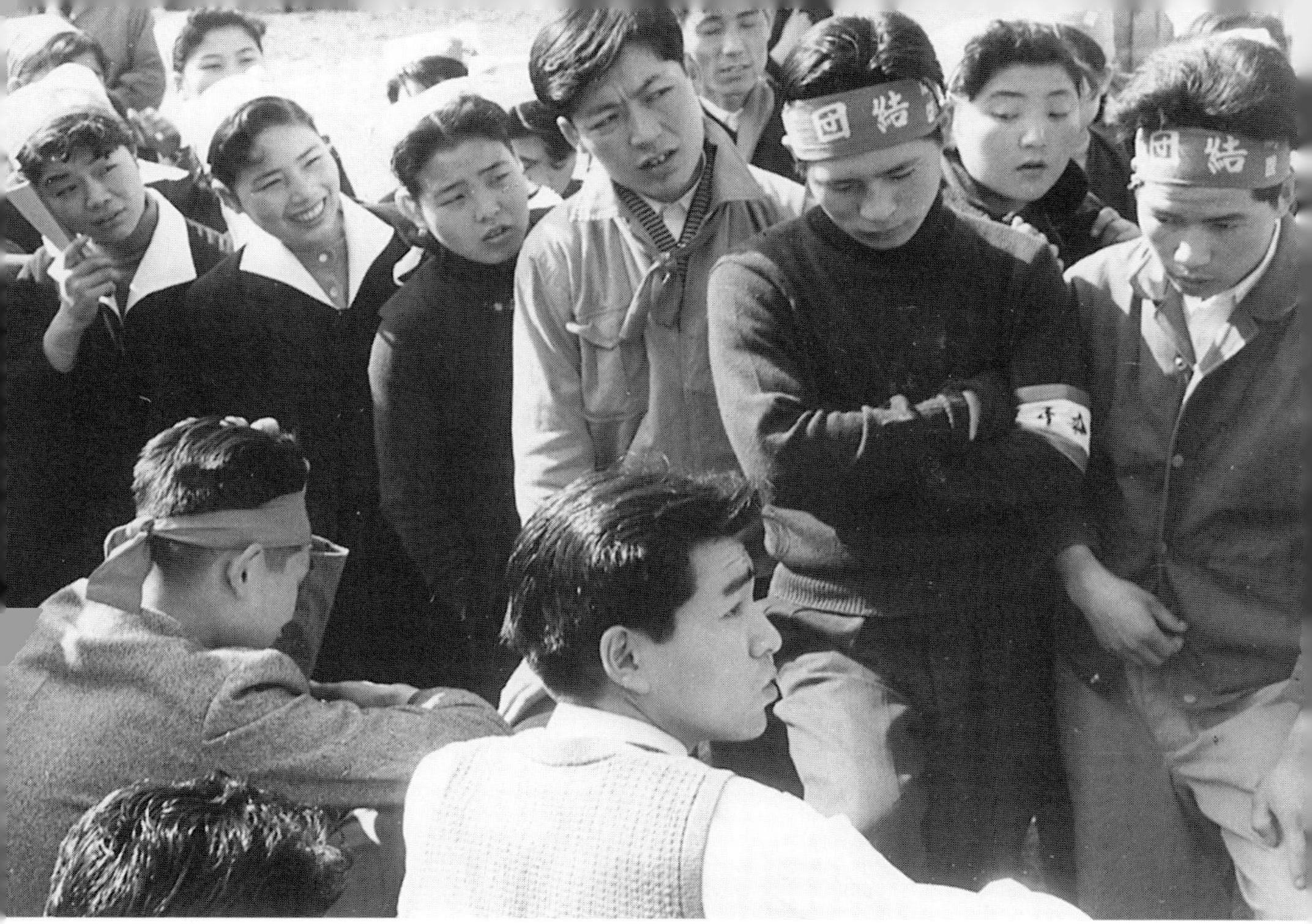

内部対立となった彦根支部

彦根支部は地元の共産党勢力が強力だったため、再建派が増え続け、支部役員も意見の相違によりほぼ真っ二つに分かれた。本部派は危機感を強め、何とか再建派を説得しようと努めた。（提供：朝倉克己氏）

本部派と再建派はことあるごとに、互いに説得と主張を試みた。だが、対立は深まる一方となり、次第に一触即発の空気が漂いはじめた。（提供：朝倉克己氏）

（次ページ上）言い合いが高じて詰め寄る両派。（提供：朝倉克己氏）

（次ページ下）彦根支部で開催された本部派の集会。再建派を威嚇するかのごとく、がっちりとスクラムを組み、険しい表情を見せる。
大垣支部は再建派が圧倒的多数を占め、それ以外の支部は再建派が少なかった。この時点では、かろうじて同じ労組内の路線対立にとどまっていた。（提供：朝倉克己氏）

同じく内部対立となった富士宮支部

富士宮工場にも危機が迫る。「企業防衛闘争」へ突入後、いがみ合いがはじまった。仲裁役が「仲間同士じゃないか」となだめても、双方とも聞かない。経営陣の夏川一族と銀行の確執が労組へ伝染し、「夏川排斥」と「夏川待望」に主張が割れた。（提供：オーミケンシ労組）

（次ページ上）対立は日ごとに深まっていった。本部派と再建派が対峙し、一触即発。（提供：オーミケンシ労組）

（次ページ下）内部対立の裏で、仲のよかった仲間が敵味方に分かれるのを嫌って苦悩する組合員がいる。意気消沈して座り込む男達、それを不安げに見守る女達。ほんの数年前、人権争議で複数の労組に分かれ、精神的に追いつめられたのと同じ構図である。（提供：オーミケンシ労組）

当時の労組本部

（上）企業再建闘争で両派が激しく争っていた時期、和歌山県の道成寺で全織同盟綿紡部会婦人労働研究委員会が開催され、大手労組の女性役員が参集した。（提供：巨海公子氏）

（下）大阪市内の本社近くの御堂筋にて。労組本部書記の２人。（提供：巨海公子氏）

（左ページ）本部の窓にはためくは、近江絹糸労組と全織同盟大阪府支部の旗。窓から外をうかがう役員達の姿も見える。（提供：巨海公子氏）

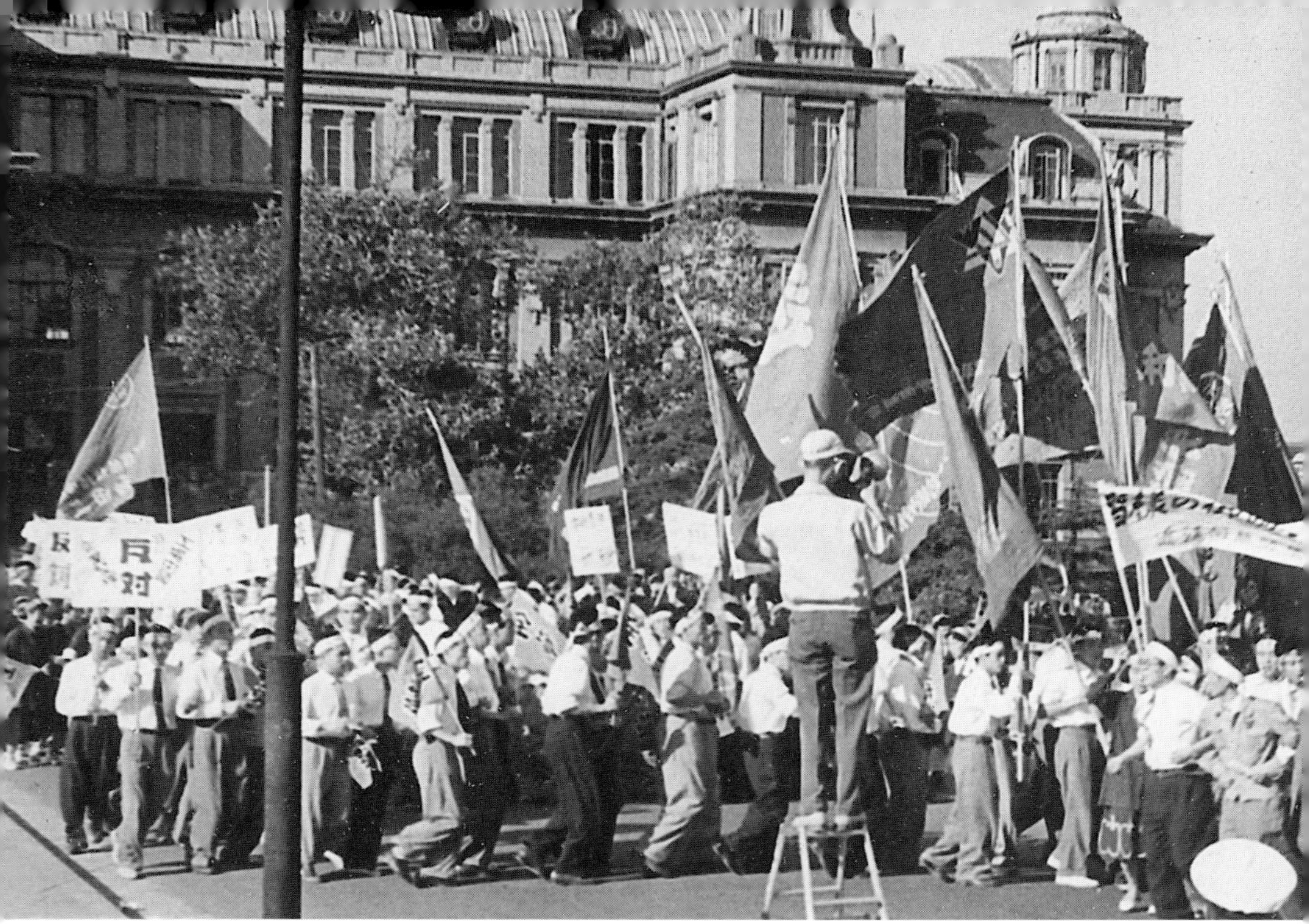

本部派の動向

1957年10月２日、大阪市の大阪中央公会堂（通称：中之島公会堂）で開催された本部派主催の大規模なデモ。（提供：巨海公子氏）

大垣支部の再建派が組織拡大を狙い、他支部へのオルグを繰り返したことで、内部対立はますます激しくなっていった。
彦根支部にて、再建派の侵入を防ぐピケを張る本部派。（提供：朝倉克己氏）

彦根支部にて、本部派が広場に集まって現状報告を聞く。（提供：朝倉克己氏）

（上）同じく彦根支部。人権争議の時と同じく、食事中もハチマキのままで臨戦態勢。（提供：朝倉克己氏）

（下）富士宮支部で開催された本部派の会議後。他の支部からも本部派が集まり、綿密に打ち合わせを行った。後列右端は全繊同盟静岡県支部浜松事務所時代の佐藤文男（後に全繊同盟組織部長、拙著『オルグ！オルグ！オルグ！』を参照）。（提供：巨海公子氏）

再建派の動向

再建派は、現執行部の不信任と新役員改選のための臨時単一大会開催を要求するも拒絶され、業を煮やして1958年２月28日、大垣支部にて自ら臨時単一大会を強行開催した。この再建派大会を阻止しようと各支部から集まった本部派が門前に押し寄せ、激しく衝突した。（提供：オーミケンシ労組）

この日の模様を伝える近江絹糸労組機関紙『きんろう』の再建派発行版。新組合長となった内田秀雄の挨拶や、全繊同盟会長滝田実への公開質問状も掲載されている。

本部派も対抗

再建派大会に対抗すべく、本部派も1958年３月８日、彦根支部にて臨時単一大会を開催した。

（上）朝倉克己が演説。画面左に「経営者にこびへつらう御用派を云々」の文字が踊る。両派とも自分達の大会を正当とし、相手の大会を不当と見なした。もはや労使関係ならぬ労労関係へ突入。組織分裂は決定的となった。（提供：朝倉克己氏）

（次ページ上）画面右には「近江を破壊より守れ」「大垣工場を西村一派に乗っ取られるな」「極左勢力より私達の組織を守れ」と書かれた懸垂幕が。（提供：巨海公子氏）

（次ページ下）最終的に再建派の決定事項の無効、再建派の除名処分案などが採択された。本部派組合員の表情も殺気立っている。（提供：巨海公子氏）

第三回臨時單一大會
一、近江を破壊より守
一、大垣工場を西村一派に乗取られ
一、極左勢力より私達の組織を守れ
一、経営者に
一、強制休業
一、統一と団結で近江
大會

近江絹糸労組の行く末やいかに

本部派と再建派の対立が修復不可能なところまで来たとみて、全織同盟が介入を図った。上は、その時期の本部派役員達。渡辺三郎、大塚敬三、朝倉克己、下村宏二、野付利之、寺田尚夫らの顔が見える。

再建派ではこの頃、新たに組合を結成し、全織同盟を脱退するという案が現実味を増していた。ところがこの後、予想だにせぬ展開が待っていた。

1958年３月、全織同盟と会社側の間で、唯一交渉や全面操業などを明記した協定書が締結された。これにより、近江絹糸労組の内部対立は意味を失った。（提供：巨海公子氏）

奇跡の再統一

協定書締結からおよそ7か月後の1958年10月25日に統一大会が開催され、近江絹糸労組はついに再統一を果たした。写真はその2年後、1960年6月15日の第4回定期単一大会。

ここで、会社側との交渉権が全繊同盟から返還され、内部分裂は完全に決着を見た。演台の後ろに並ぶのは、この大会で退任した役員達。中央が組合長の渡辺三郎で、第2代組合長には大塚敬三が選ばれた。近江絹糸労組の再出発である。（提供：オーミケンシ労組）

第7章

いま、平成末期

企業再建派闘争で露わになった左派活動は、人権争議中にも一部工場で見られ、さらに言えば、労組を結成した時期にも潜航していた。近江絹糸人権争議は、実は左右対立をはらんだまま、つまり全織運動、総評運動、共産党活動が混在したまま進行していったことが分かる。

近江絹糸の労働者は、労組結成時から左翼陣営の標的であり、全織同盟指導の労組が結成されたあとも、脈々と抵抗や拡大の方策が練られてきた可能性が高い。この点を明示するだけの文書資料があるわけではないが、共産党に入党した組合員ＯＢＯＧの手による資料や、本部および支部役員経験者の証言はある。

したがって、全織同盟は、近江絹糸労組の左傾化を封殺したことになる。だから、近江絹糸人権争議は一般に勝利解決と位置づけられながらも、一部では称揚されず、左派労組からは批判の対象となったのである。

ところで、本書では組合員の生活実態の一部を取り上げたわけだが、それは争議中の非常事態生活であった。争議前や争議中は、現場組合員たちの余暇はほぼ工場内にかぎられていて、ラジオを聴くことを楽しむくらいであった。外出する場合の余暇といえば、近隣への遠足やハイキング、海水浴などにかぎられていたようである。

その後、二つの近江絹糸争議が終わり、一九六〇年代前半に入ると、レジャーやレクリエーションに変化が見られたのであろうか。

さて、争議後だが、近江絹糸だけでなく繊維不況の波が業界を襲った。争議という大事件とは決別し、労使対等の原則のなかで組合員たちは懸命に勤務を続けた。組合員たちは岐路に立たされ、さまざまな職業人生を辿ってＯＢＯＧになっていった。

一九五九年一〇月、長浜工場、岸和田工場が閉鎖され、近江絹糸労組両支部が解散した。労組結成一〇周年を迎えた一九六四年には、すでに繊維不況が理由で約六〇〇人が退職していたが、さらに希望退職者の約五三〇〇人が職場を去っている。

そして、一九六八年には「近江絹糸」から「オーミケンシ」へと社名を変更した。一九六九年にアパレル部門であった「ミカレディ」が分離独立して会社となり、オーミケンシ労組ミカレディ支部が誕生した。だが、もはや繊維産業が好転することはなかった。

一九九二年、富士宮工場の閉鎖によって富士宮支部が解散し、一九九四年には中津川工場が操業停止したことによって中津川支部が解散したほか、大垣工場の一部休止などで事業は縮小を続け、労組も多くを失った。さらに二〇〇〇年、津工場と加古川工場が分社化されている。

二〇〇三年時点の各支部の組織現勢は、彦根支部七人、大垣支部八九人、津支部三〇人、加古川支部（不織布用綿などの生産）一二四人、飯田支部（ニット生産）三七人、ミカレディ支部一一八人、大阪支部（東京分会含む）八三人と記録されている。人権争議時の、二〇分の一以下の縮小となった。

縮小はまだ続く。二〇〇九年には大垣工場が閉鎖されて大垣支部が解散したほか、飯田工場の閉鎖で飯田支部が解散している。その前年には、彦根支部と津支部が大阪支部所属の彦根分会と津分会となっている。

オーミケンシ労組は、二〇一四年の労組結成六〇周年、二〇一七年の会社創立一〇〇年を経て、二〇一八年現在、継続して行ってきた事業再編の結果、本社、営業所、加古川工場という編成となり、第六代組合長の石本文彦、同書記長の安本和弘が約一六〇人の組合員を統率して活動を続けている。

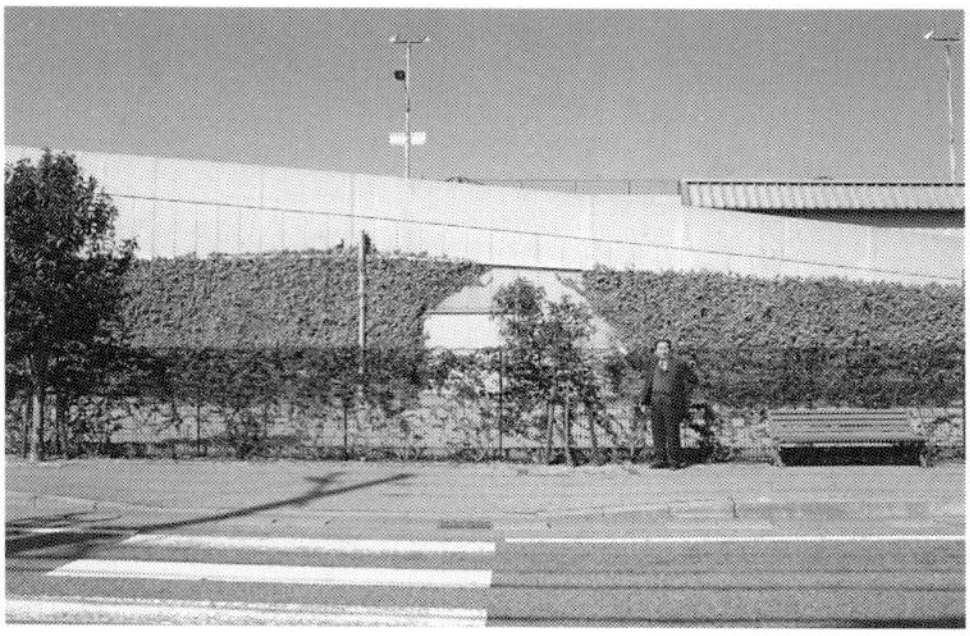

元彦根工場の正門であった所に立つ朝倉氏

創業の地を示めす碑がショッピングセンターの敷地にある

元正門から道路を挟んで向かいにある郵便局。若者達はここから故郷へ仕送りをしていた

彦根工場をはじめとして、工場跡地は現在ショッピングセンターとなっている。ゆえに、三島由紀夫が訪ねた彦根工場は存在しない。だが、彦根城[1]は当時のままである。城付近は都市開発が遅れていたが、一九八〇年代後半に開発事業計画がはじまって、一九九九年には「夢京橋キャッスルロード」が開業した。

このエリアは、江戸時代の城下町をイメージした街並みとなっており、和洋の菓子店、雑貨店、飲食店などが、白壁と黒格子、いぶし瓦といった町屋風に統一され、多くの観光客でにぎわっている。

しかし、三島が訪れた当時の彦根のほうが、現在よりも活気に満ちていたような感じがする。なぜなら、歴史のある街彦根は、近江絹糸彦根工場をはじめとする労働者の街であったからだ。

（1）関ヶ原の合戦の軍功で近江国を受領した井伊直政（一五六一～一六〇二）の遺志を受けて、彦根山に築かれた井伊家一四代の居城（一六〇四年着工、一六二二年完成）。天守は国宝指定五城の一つ（他は犬山城、松本城、姫路城、松江城となっている）。

三島が「ここから見る彦根城が一番美しい」と言った。当時は、照明灯も電信柱もなかった

週末などには賑わいを見せる「夢京橋キャッスルロード」

1960年代の組合員達

二つの争議が終結し、自由を謳歌できるようになったとはいえ、1960年代に入ると繊維不況のために事業所や職場の改変が相次いだ。予断の許されないなかで、組合員達は勤務を続けた。1960年代前半のある年の春、労組主催で琵琶湖岸へ合同キャンプに出かけた際の１枚。組合活動は、若者達の心の拠り所であった。（提供：朝倉克己氏）

富士宮で行われた合同キャンプ。眠い目をこすりながら朝の体操をはじめる。(提供：朝倉克己氏)

レジャーも仲間と共に

組合行事以外でも、職場の仲良しグループでレジャーを楽しむ機会が増えた。ハイキングにスキー、サイクリング。どれも1960年代前半の労働者レジャーの定番である。

（上）彦根市郊外でのハイキング。（提供：朝倉克己氏）

（下）滋賀県内でのスキー旅行。（提供：朝倉克己氏）

琵琶湖岸をサイクリング。（提供：朝倉克己氏）

当時人気を博していた鈴鹿サーキットにて。（提供：朝倉克己氏）

彦根工場の女性達

（上）1970年頃の彦根工場女子寮。争議後も建て替えなく使われた。体操服姿と制服姿の女性組合員達が列を作っている。（提供：朝倉克己氏）

（下）1974年１月、社内成人式に集まった振袖姿の女性組合員達。彦根工場精紡職場の仲間。（提供：朝倉克己氏）

彦根工場周辺の現在

（上）朝倉克己が定時制に通った彦根東高校。彦根城内中濠と内濠の間にある。正門の向こうに見える四つの碑は高校野球甲子園大会出場を記念したもの。一部の組合員が、工場が推す近江高校を拒んでここに通った。仲間と労組について作戦を練った場所でもある。

（中）彦根工場の正門があった場所に立ち、夜の下校時の様子を説明する朝倉克己氏。ほぼ毎日寮の門限を破り、叱責されたという。彦根東高校からは全力で走っても10分以上かかり、門限に間に合わないことは分かりきっていた。近江高校を拒んだことへの会社側の嫌がらせだった。

（下）争議に入るとピケを張ったり、ロックアウトのために会社が差し向けたトラックを横倒しにしたりした地点。現在は、巨大ショッピングセンターの裏手にあたる。

オーミケンシ発祥の地

（上）工場や寮の面影を思い浮かべながら敷地内に足を踏み入れる。このあたりに女子寮があった。

（下）店内に入る。朝倉氏がかつての工場のレイアウトを説明してくれた。生鮮食品売場に変わってしまった場所にたたずみ、複雑な表情を見せる。
このショッピングセンターだけでなく、全国の繊維工場跡地が商業施設に変わった。繊維産業の衰退を実感せずにはいられない。とはいえ、現ショッピングセンターで働く労働者の多くはUAゼンセンの組合員である。

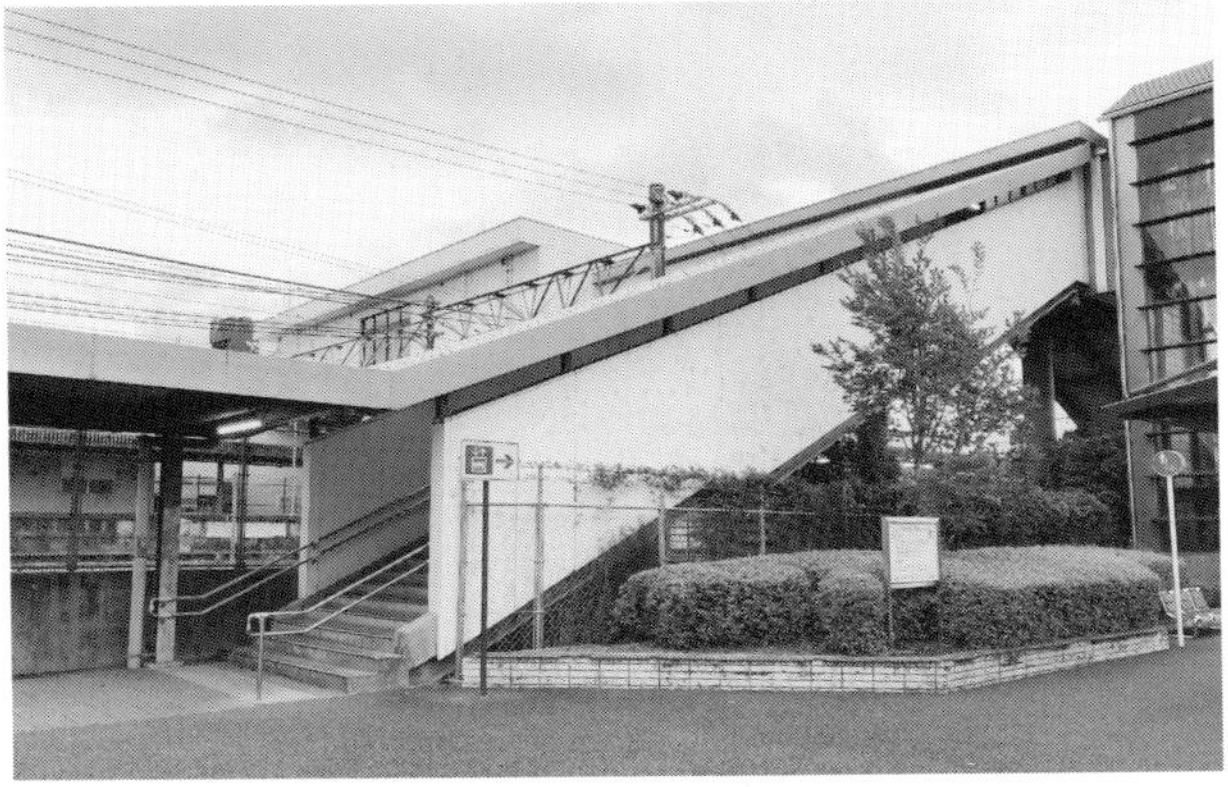

富士宮工場の跡地

富士宮に足を伸ばしてみた。降りたのはJR富士宮駅の北口（上）。当時は、この北口しかなかった。この駅前で、デモや募金活動が繰り返されていた。

工場の跡地は、現在、イオンモールとなっている。工場の正門があったあたりの写真（中）から、当時の光景（52ページ、56ページの写真参照）を思い描くのは難しい。工場内には「大通り」と呼ばれる主通路があり、紡績機械が並んでいた。現在は、スーパー内の「食品大通り」に変わっていた（下）。

富士宮支部書記だった巨海公子さんから面白い話を聞いた。
後日発覚したところでは、社長の夏川嘉久次は人権争議中、組合側の様子を偵察するため工場裏手の北口からこっそり忍び込んでいたらしい。みんな正門にばかり意識が向いていたから、見逃してくやしがったという。
北口があったあたりから工場跡地を望めば、はるか先には富士山が見える。潜入した夏川も、この景色を見たことだろう。

岡山で眠る赤い組合旗

岡山のUAゼンセン中央教育センター「友愛の丘」の友愛資料館を訪ねた。

(上) ここに、合理化、統合、倒産などで役目を終えた組合旗が眠っている。労組役員も参加し、ゼンセンの流儀による厳かな「旗収め式」が執り行われた後に安置された。

(中) 倒産したオールヴァンジャケット労組の旗も。

(下) 近江絹糸労組の旗も見つけた。「津支部」と読める。

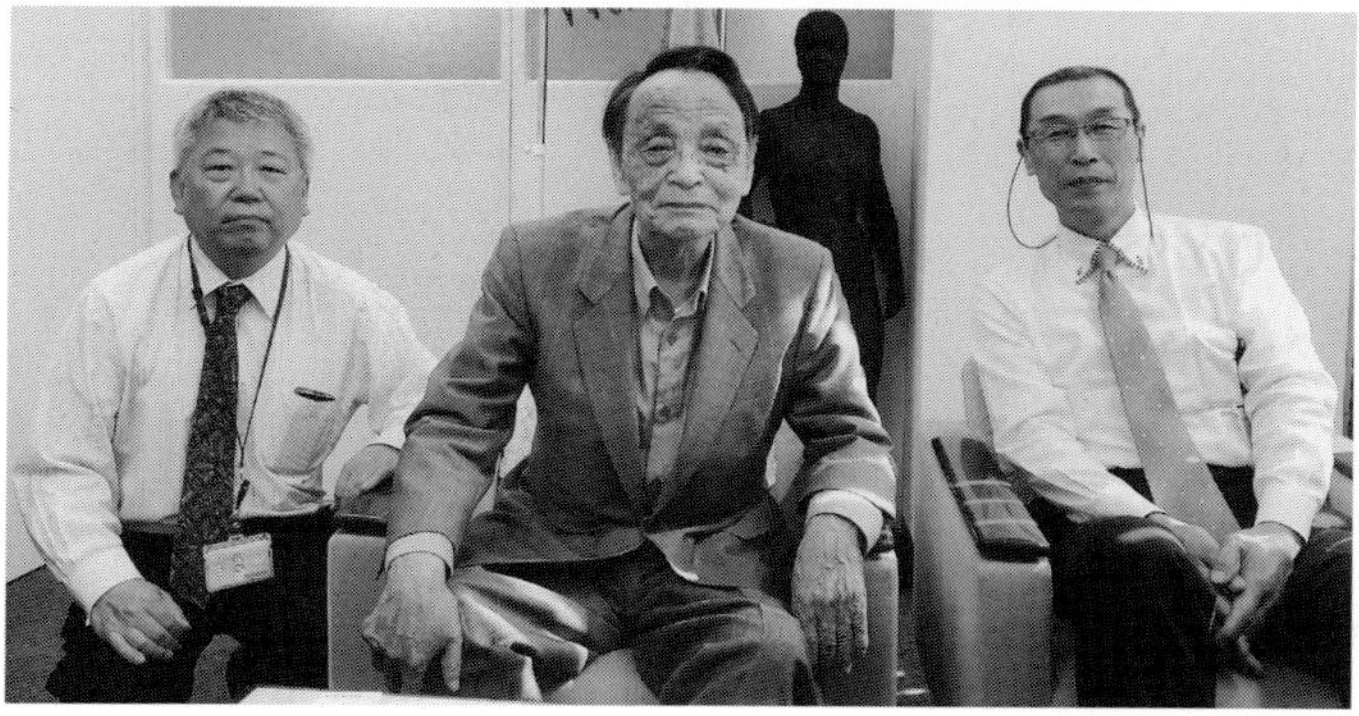

現在のオーミケンシ労組本部

（上左）大阪・本町のオーミケンシ本社ビル。外装・内装ともに何度も修繕や変更を重ねたが、場所は人権争議のころから同じ。

（上右）UAゼンセン会長室前に設置された彫像「歩み」。労組本部役員で芸術活動に熱心だった山口克昭氏（前出、75ページ）が、近江絹糸の労働者をモデルに製作したもの。２体あって、１体は労組本部事務所に、もう１体は全織同盟に寄贈された（1964年の人権争議解決10周年記念事業の一環）。後者は長らく全織会館玄関脇に置かれていたが、現在はここUAゼンセンに移されている。

（下）本社ビル内のオーミケンシ労組事務所にて、現在の労組本部リーダー達。右端は現任の第６代労組本部組合長石本文彦、左端は現本部書記長安本和弘、中央は矢冨徹彦（第５代本部組合長）。３人の背後に「歩み」の像が立っている。

なお、労組事務所は、2018年３月に地下鉄本町駅直結のビルへ移転した。

はじまりの地、彦根へ

旅の終わりに、近江絹糸発祥の地である彦根に戻った。

上の写真は、三島由紀夫も降り立った彦根駅前。駅前広場には初代藩主井伊直政の像が建っている。

下の写真は、三島が朝倉克己の話を聞いた料理旅館「八景亭」。一度焼失し、建て替えられた。画面左手の松の木の向こう側、簾のかかったあたりが三島と朝倉がいた客室の場所。

あとがき

昭和二〇年代末と三〇年代前半の近江絹糸人権争議を、平成の終わりに再構成した。彦根支部のみならず、各支部の争議の多発性、多面性の実態、二つ目の争議と左右対立、全繊同盟について、写真記録資料によって提示できたと自負している。

時空を超えて何が変わったのだろうか。労働組合の組織率は三五パーセントから一七パーセントへ。中卒の集団就職から大卒の「シューカツ」へ。初任給四〇〇〇円から二〇万円へ。五五歳定年から七〇歳定年構想へ。繊維工場からショッピングセンターへ。ぼっとん便所からウォシュレットへ。全繊同盟からＵＡゼンセンへ。労働組合を知った若者たちからロードークミアイを知らない若者たちへ。

しかし、働く者が大切にすべきものは、何も変わらないのではないだろうか。

いま一度、小説『絹と明察』を手に取ってみる。三島由紀夫は、社会事件を題材にしたものを書く場合にすら、事件から何がしかを抽出したりしない。もともと書きたかったことへ、社会事件のほうをすっぽりとはめ込んだように思う。

ということは、三島由紀夫が率直に争議についてどんな見方をしていたのか、を問うこと自体ができなくなってしまう。三島由紀夫は、「演出者」や「認識者」とも呼ばれる主人公以外のキャラクターを小説に登場させ、いわば巫女のような役目を負わせることで知られている。

著者は当初、ほかならぬ三島由紀夫自身に、日本有数の争議を現代の人々に伝えるためにその役割を担ってもらえないか、と不遜な衝動にかられていた。だが、作品を読んで、虚構でなければできないことだと思い至った。

しかし、ヒントならある。三島由紀夫は『絹と明察』を執筆するために、人権争議の九年後となる一九六三年九月二日に、近江絹糸労働組合彦根支部長の朝倉克己さんを訪問し、争議について取材した。

白色の香港シャツに茶色のズボン、手には筆記用具とノートだけといういでたちで彦根駅のホームに降り立ったという。迎えに出た朝倉さん、取材の前後には関係各所を案内している。筆者も、そのルートの一部を同じように案内してもらった。

三島由紀夫が朝倉さんへ宛てたお礼の手紙がここにあるので、その全文を掲載しておこう。

——前略

此度は御多忙の処、半日をお割き下さいまして、御懇切に御教示を賜はり、貴重なるお話を伺ふことができまして、厚く御礼申上げます。お話により当時の状況が眼前に彷彿といたすやうにて、書物で読むのとはちがい、正に、運動の中心にをられた方の謦咳に接する感動は一方ならぬものがありました。お話を伺うにつけ、この事件の特殊性もよくわかり、外部の影響によって起ったものでなく、全く内部からやむにやまれぬ衝動によって、人道的良心の発動として惹起されたものだろうことがよくわかりました。しかも、それが、純粋な若さが結晶して一つの革新の力として盛り上がった点に、伺ふだに、さわやかさを感じました。

さて、御紹介いただきました大津の西田氏には、午前八時と午後八時の思ひ違ひにて、お目にかかる機会を逸し、まことに残念に存

三島からプレゼントされたネクタイ

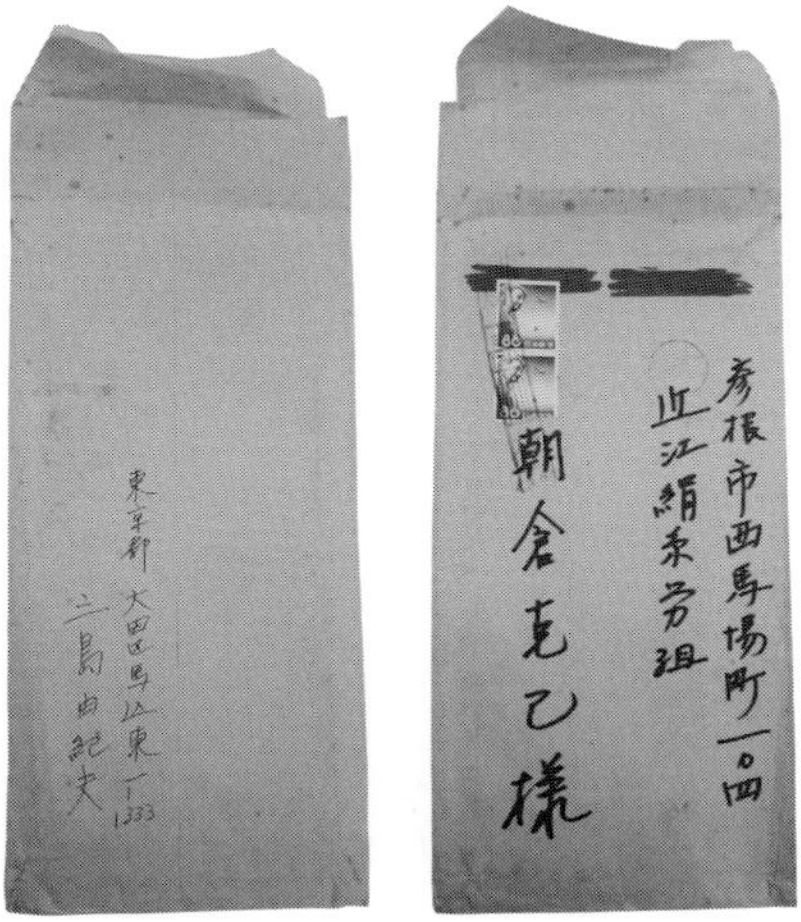

三島からの手紙の封筒

じますが、電話でお話いたし、又、上洛の折りに御都合を伺ふことにいたしました。
工場見学の印象も、むかしを忍ばせる陰気な影は少しもなく、若く朗らかな女子工員たちの挙動に、永い御苦労御努力の結実を感じました。彦根の印象はすべてすばらしいものでありました。

本当にありがとうございました。

又、お目にかかる機会をたのしみにいたします。

草々

九月九日　　三島由紀夫

朝倉克己様

専門外だから当然だが、三島由紀夫の感想は争議や労働組合に対する距離を感じざるを得ない。取材に応じた朝倉克己さんには、争議のことはほとんど書かない、と断った。その言葉を信じた朝倉さんだが、その割には書いてある、と感じたという。いずれにせよ、執筆構想のなかに争議を埋め込んだだけで、ほとんど描いていないと言える。そこで著者は決心を固めた。三島が心を離した争議を描こう、と。

ところで、猪木武徳先生（大阪大学名誉教授）は、三島由紀夫が大きく依拠した高宮太平『夏川嘉久次と紡績事業』（一九六〇年、ダイヤモンド社）の存在を指摘した（「三島由紀夫『絹と明察』」、『書斎の窓』第五〇四号、二〇〇一年）。一口で言えば経営者側に寄り添う内容で、社長旧知のマスコミ出身者が書いた「オーミケンシ社史」と同様、近江絹糸人権争議はまるで別の物語となっている。

では、争議のことを書かなかった三島由紀夫は、労働者のことを考えなかったのか。夏川嘉久次へ、どうしてそんなことをするのか、という疑いがなかったはずがない。こう思いたい。

経営者のなかには、悪辣な労務管理をまったく自覚していない人がいる。労使関係を嫌い、主従関係を好むために、労働者が苛まされる。それを指摘されたり、糾弾されても無自覚のままなのだ。

これこそ差別ではないのか。三島由紀夫に確かめる術はないが、争議を書かなかった三島に著者が親近感をもつところは、労働条件が悪いのではなく人間が悪い、その人間に、差別とは何かを深く自覚しない読者のあなたも含まれてるよ、と考えていたかもしれない、この一点だけである。

三島由紀夫は朝倉さんに、「私は、日本中が毛嫌いした男を書きたいのです」と話したという。人間を描けば十分であり、争議は、読者が望むように重ね合わせればよいことであって、特段書く必要がなかったのかもしれない。

ここで述べたことは、労働研究者の戯言かもしれない。だが、小説家はとても怖ろしい、としか言いようがないと思っている。

故郷を後にして、働きに出てきた若者たちが予測できなかった争議に放り込まれ、逃げ出すこともできず、すべてを受け止めて、無自覚の差別と向き合った。受け止めきれず、去ったり自害したりした仲間を見送った日もあった。大集団の叫喚と共感の日々であった。だからこそ、連帯は昭和から平成に移っても続いている。事実、人権争議を闘い抜いた組合員はＯＢＯＧ会をいまだに重ねている。

オーミケンシ労組のＯＢＯＧ会は二種類ある。一つは各支部の役員たちを組織した、いわば公式的なＯＢＯＧ会で、二年一度、休むことなく開催してきた。もう一つは、各地で勝手に開催する有志のＯＢＯＧ会である。組合員だった人たちが集まる。そのとき、オーミケンシ労組本部に電話がかかってくるという。

「また会をするから、少し補助してくれ」と話すＯＢＯＧ会に対して、現役役員たちが即答する。

「はい、先輩、喜んで」

本書の刊行は、多くの人の協力によって成された。熱心に話を聞かせてくださり、写真を提供いただいた近江絹糸労組ＯＢＯＧの朝倉克己、矢冨徹彦、野付利之、巨海公子、滝澤雄一郎、滝澤多恵子、オーミケンシ労組現役の石本文彦、安本和弘、人権争議の論考を発表した経験を背景に意見交換の相手になってくれた久谷與四郎（労働評論家）、谷合佳代子（エル・ライブラリー）、資料の使用でお世話になったＵＡゼンセンの植月勉（友愛の丘）、大杉長弘（広報・情報局）、前原雅浩と宮島佳子（流通部門）、資料を送ってくださった大垣支部ＯＧの岸敬子、同ＯＢの長谷川金重の各氏に深く感謝する。なお、本書の出版に際して、「平成二九年度國學院大學学部研究調査出張旅費補助」「平成三〇年度國學院大學出版助成（乙）」を受けている。

　最後になったが、編集を手がけ、本書を世に出してくださった株式会社新評論の武市一幸氏と吉住亜矢氏に感謝を申し上げる。

　二〇一八年六月、公式的な近江絹糸労組ＯＢＯＧ会が彦根市で開催され、盛況であったと聞いた。著者は、再び彦根城と夢京橋キャッスルロードを訪れたくなった。

平成最後の夏、本書執筆中に早世した妹、落合紀子を悼みつつ　大阪にて

本田　一成

JR 彦根駅前からのぞむ彦根城

著者紹介

本田一成（ほんだ・かずなり）
國學院大學経済学部教授。博士（経営学）。
人的資源管理論、労使関係論専攻。
主な著作に、『チェーンストアの人材開発　日本と西欧』（千倉書房）、『チェーンストアのパートタイマー　基幹化と新しい労使関係』（白桃書房）、『チェーンストアの労使関係　日本最大の労働組合を築いたＺモデルの探求』（中央経済社）、『オルグ！オルグ！オルグ！労働組合はいかにしてつくられたか』（新評論、2018年度「日本労働ペンクラブ賞」受賞）などがある。

写真記録・三島由紀夫が書かなかった近江絹糸人権争議
――絹とクミアイ――

2019年２月25日　初版第１刷発行

著　者　本　田　一　成
発行者　武　市　一　幸

発行所　株式会社　新　評　論

〒169-0051
東京都新宿区西早稲田３-16-28
http://www.shinhyoron.co.jp

電話　03（3202）７３９１
FAX　03（3202）５８３２
振替・00160-1-113487

印刷　フォレスト
製本　中永製本所
装丁　山田英春
写真　本田一成
（但し書きのあるものは除く）

ISBN978-4-7948-1118-9